菱木政晴

ただ念仏して

親鸞・法然からの励まし

新装版

白澤社

新装版はじめに

この本は、私としては、はじめて直接に親鸞と法然の思想をテーマとして書いたものです。それまでに私が書いたものには、すべてどこかに親鸞が意識されていますが、それだけを直接に扱うのはこの本がはじめてでした。刊行から一四年経ち、新たに巻頭の釈迦・法然・親鸞の章句にあわせた写真を一新し、新装版として再版することにしました。今の時代に親鸞らの言葉をあらためて訪ねたいと思ったからです。

タイトルの「ただ念仏して」という言葉は、本文の中でも引用している親鸞の語録『歎異抄』の中の「親鸞におきては、ただ念仏して、弥陀にたすけられまいらすべしと、よきひとのおおせをかぶりて、信ずるほかに別の子細なきなり」からとったものです。「私・親鸞においては、『ただ念仏して阿弥陀如来に助けられなさい』という、よき人・法然上人のおっしゃったことを受けて、信ずるというほかにはなにもありません」という意味です。

この「ただ念仏」というのは、声に出して「南無阿弥陀仏」と言うことを指します。南無

米軍普天間飛行場の沖縄県辺野古移設に反対する「沖縄県民大会」で手をつなぎ合う大勢の参加者たち
（沖縄県那覇市・奥武山公園、2018.8.11）［写真提供＝共同通信社］

序章　専修念仏と弾圧

——平氏の台頭から源平の合戦をはさんで鎌倉幕府の成立に至る時代、この時代に日本社会は大きく変わったと言われています。そして、仏教界もまた大きな変動を体験することになりました。貴族層を主たる支持層とした奈良・平安仏教に対して、法然、親鸞、栄西、道元、日蓮、一遍といった革新者たちが現れ、庶民層や武士たちを中心に教えを広め、のちに鎌倉仏教と呼ばれる大きな流れをつくりだしました。その影響は現在にも及んでいます。

なかでも、親鸞とその師・法然によって説かれた専修念仏は多くの人々の信仰を集め、現在、親鸞を祖とする浄土真宗は、日本で活動する仏教諸宗派のなかでも最多の信者と寺院を持っていると言われます。親鸞の教えは、他力本願・悪人正機・専修念仏などの特徴で知られており、その教えを記したとされる『歎異抄』は幅広い読者に迎えられています。

しかしながら、法然、親鸞の教えは初めから日本社会に広く受けいれられたというわけではありませんでした。親鸞が布教活動を始めた直後、法然とその弟子たちは過酷な弾圧を受けることになりました。一二〇七年、承元の法難と呼ばれる宗教弾圧です。いったい何がその原因だったのでしょうか。(編集部)

親鸞(一一七三—一二六二)は、日本仏教の中でもとりわけ多数の寺院数・信徒数を持つ「浄土真宗」という宗派の祖師である。彼は、阿弥陀仏の名を声に出して唱えることだけに集中する「専修念仏《せんじゅねんぶつ》」と呼ばれる独特の仏教をその師・法然(一一三三—一二一二)から受け継いだ。しかし、その思想は単に宗派の中にとどまることなく、二一世紀の今日においても広く民衆や思想界に強い影響力を保ち続けている。

通常、親鸞の思想としてよく知られているのは、この「専修念仏」と「悪人正機《あくにんしょうき》(1)」「他力本願《たりきほんがん》」などであろう。つまり、親鸞とは、浄土往生には、困難な修行の必要がない阿弥陀仏の名を声に出して唱える称名念仏だけをおこなえばよいのであって、これは「どんな悪人でも必ず救い取って浄土往生させる阿弥陀如来の本願の力(他力)によるものだ」という主張をしたのだと。この教えに従って、念仏を唱える人びとをイメージすると、積極的な社会活動をおこなわないのはもちろん、通常の倫理的な活動からも遠い消極的な弱者の姿が浮かび上がってくるのではないだろうか。

ところが、実際には、専修念仏の徒はけっして消極的な人びとではない。親鸞の思想を奉ずる集団（真宗教団）が社会的に大きな力を持ったのは一五世紀以降であるが、この集団が「一向一揆」と呼ばれる一種の社会変革の担い手であったことはよく知られている。それどころか、専修念仏は発生した一三世紀以来、常に権力の側から弾圧を受け続ける「危険な」思想であった。

1　弾圧事件のあらまし

実際、専修念仏の思想は、法然によって原型が確立されその活動が始まったが、活動が本格化するとすぐに、一二〇七年に大きな弾圧を受けた。これを「承元《じょうげん》の法難《ほうなん》(2)」という。この事件の詳細についての公式な記録である「官符《かんぷ》」は残っていないが、いわゆる「小倉百人一首」の編者として有名な藤原定家《ふじわらていか》（一一六二―一二四一）の日記『明月記《めいげつき》』や、九条《くじょう》兼実《かねざね》（一一四九―一二〇七）の弟で天台座主《てんだいざす》の慈円《じえん》（一一五五―一二二五）の『愚管抄《ぐかんしょう》』、これらの事件を管轄した「奉行」職にあった三條長兼《さんじょうながかね》の日記『三長記《さんちょうき》』などにそうした事件についての記載がある。また、弾圧を受けた側の法然の伝記、親鸞の伝記などにも、もちろん、その記載がある。弟子の唯円《ゆいえん》（生没年不詳）が師の死後に編んだとされる親鸞の語録『歎異《たんに》抄《しょう》』のあとがきに相当する部分(3)には、弾圧の内容が、四人の死罪と八人の流罪であったことが記されている。四人の死罪のうち、その事跡が比較的よく知られているのは、安楽《あんらく》と住蓮《じゅうれん》の二人であり、八人の流罪には、法然と親鸞が含まれている。

この中でかなり詳細に事件の経緯を記しているのは、『愚管抄』である。それによると事件は、以下のごとくに描写されている。

建永《けんえい》のころ法然房という上人がいた。都の近辺に住んで、「念仏宗」という宗を建てて「専修念仏」ということを主張し、「南無阿弥陀仏と言うだけでいい。それ以外の顕《けん》密仏教《みつぶっきょう》のつとめはするな」というようなことを言い出して、わけのわからぬ尼入道たちに喜ばれて繁盛していた。その中に、泰経入道《やすつねにゅうどう》（源泰経《みなもとのやすつね》）の家来の武士だったが専修念仏の行者となった安楽房というものがあった。同じく専修念仏の住蓮というものと一緒になって、善導大師《ぜんどうたいし》推奨と称する「六時礼讃《ろくじらいさん》」なるものを始めて、尼たちの帰依を受けていた。これらのものが「専修念仏の行者になれば女犯《にょぼん》を好んでも魚鳥を食べても阿弥陀仏は少しもとがめない。一向専修《いっこうせんじゅ》に入って念仏だけを信ずれば必ず最後に来迎《らいごう》がある」と言いふらしていた。そのため、都も田舎もすべて大流行ということになった。その中で、院の小御所《こごしょ》の女官《にょかん》で仁和寺《にんなじ》の主（門跡《もんぜき》）の母親なども含まれていて、深夜に安楽たちを呼び寄せてこうした教えを説かせていたのだが、（後鳥羽《ごとば》）院の外出の際に泊めることさえあった。というような次第で、安楽と住蓮は斬首になり、法然は追放刑に処せられた。（筆者による原文のほぼ忠実な現代語訳）

文中にあるように、後鳥羽院の後宮の女性たちが、安楽たちを京都市東北部・鹿ケ谷にあった庵居から呼び寄せて深夜に怪しげなことがあったという噂が起こった。安楽らが、七世紀の中国の仏教者である善導が書き残した『法事讃《ほうじさん》』によって、独特のパフォーマンスを考案したこと、浄土往生の条件は「南無阿弥陀仏」と声に出して言うことだけだという主張を繰り返していたのは事実であるが、慈円が文中ににじませている女官たちとの怪しげなことがあったかどうかはわからない。『愚管抄』は、弾圧は、専修念仏教団のこうしたスキャンダルが原因だということを示唆している。スキャンダルについては、他のいくつかの史料にも記されているが実際の事件よりあとのものが多く信ぴょう性はとぼしい。『三長記』は、一二〇七年の部分が欠損しており、スキャンダルの記載があったかどうかは不明であるが、この事件にいたる前のようすについては記している。それによると、専修念仏に対する非難・弾圧要請が、事件前からあったことが見て取れる。

『明月記』は事件の詳細や背景について詳しい言及がないが、安楽・住蓮らの取調べに関連して「拷問」があったことを示唆し、「子細を知らず、染筆《せんぴつ》に及ばず」としている。

さらに、親鸞自身の著作『教行信証』の通常『後序《ごじょ》』(4)と称されるあとがきに相当する部分には、事件を当時の主流の仏教と朝廷権力による思想弾圧であることが明瞭に記され、弾圧者を厳しく糾弾する主張が述べられている。また、このなかで親鸞は、ことの本質とは無縁なスキャンダルには一切触れず、当時の主流の仏教「顕密仏教」の関与を示すものとして、『興福寺奏状《こうふくじそうじょう》』を名指ししている。

2　専修念仏への九の批判

『興福寺奏状』は弾圧二年前の一二〇五年に提出されている。専修念仏教団と法然に対して九箇条の罪状を列記して、当時の政府である後鳥羽院の「院庁《いんのちょう》」に布教と活動の禁止を要請したものである。『興福寺奏状』というのは通称で、正式なタイトルは、「興福寺僧綱《こうふくじそうごう》大法師等、誠惶誠恐謹言《せいこうせいきょうきんげん》。殊《こと》に天裁《てんさい》を蒙《こうむ》り、永く沙門源空《さもんげんくう》勧むるところの専修念仏の宗義を糺《きゅう》改《かい》せられんことを請《こ》ふの状」という。意味をほぼ直訳すると「興福寺の僧侶組織に属する大法師らが、かしこみかしこみ、特別に朝廷の裁決をいただいて、源空（法然のこと）が進めている専修念仏の布教活動を糾し改め禁止することを要請する書状」ということである。起草者である貞慶《じょうけい》が興福寺に所属していたから「興福寺僧綱」と書かれているので興福寺が提出したように見えるが、第九「国土を乱る失《しつ》」の本文内には、「八宗同心《はっしゅうどうしん》の訴え」という文言も見えており、「八宗」、すなわち、律宗《りっしゅう》、法相宗《ほっそうしゅう》、三論宗《さんろんしゅう》などの南都六宗《なんとろくしゅう》に最澄（七六七―八二二）・空海（七七四―八三五）の天台・真言を加えた日本仏教のすべてが専修念仏を批判していたことがわかる。タイトルに続いて本文に入り、「最近法然と号する僧が出て、念仏を一宗に仕立て、口称念仏だけを行ずることを勧めている。唱える説は古の祖師たちに似たようなことを言っているように聞こえるが、ほとんどは本来の説とは違っている。彼の過失を列挙すれば、大略以下の九箇条になる」と切り出す。

「九箇条の失の事」として列挙されるのは、第一「新宗を立つる失」、第二「新像を図する失」、第三「釋尊《しゃくそん》を軽んずる失」、第四「諸善を妨ぐる失」、第五「霊神に背く失」、第六「浄土に暗き失」、第七「念仏を誤る失」、第八「釋衆《しゃくしゅう》を損ずる失」、第九「国土を乱る失」とされている。おおよその意味は以下の通りである。

第一は、新宗を立てるには天皇の許可を得る必要があることを説いたものであり、許可を得ないで一宗を名乗るのは天皇の権威を否定するものだということである。第二は、法然門下が「摂取不捨曼陀羅《せっしゅふしゃまんだら》」という、口称念仏者のみを救い、その他の行をおこなう者を救わない図を描いたことを批判している。実際にそのような図像が残されていないのでよくわからないが『奏状』の本文から推察すると、阿弥陀の眉間から発する光が顕密僧――『愚管抄』に登場する「顕密のつとめ」をする当時のオーソドクスな僧侶――たちを迂回して、専修念仏者だけを照らすという面白いものだったらしい。第三は、法然の主著『選択集《せんじゃくしゅう》』では、阿弥陀仏の名を称える「正行《しょうぎょう》」に対してその他の仏の名を称えるのは「余行《よぎょう》」とされるが、そうすると「南無釈迦牟尼如来《なむしゃかむにによらい》」と称えることも余行ということになり、教主である釈迦をないがしろにするものと批判している。第四は、釈迦の教えは八万四千の法門と呼ばれるように数多くあるが、念仏のみをとって他を捨てていることを批判している。第五は、念仏者が、神々を信仰することを否定していることを批判している。第六は、諸行でも往生できるという立場から、口称念仏を往生のための絶対的な行とする法然の専修念仏の主張を批判している。第七は、念仏というのは、精神を集中して仏を想い浮かべ観じる観想念仏《かんそうねんぶつ》こそが優れているという立場から「南無阿弥陀仏」と声に出して言うことだけの口称念仏を劣ったものと批判している。第八は、専修念仏の立場が戒律を護持するなどの行をおこなう釈迦の信者を損っていると批判している。第九では、専修念仏は、本来の仏教では禁じられている肉を食べたり、女性と交わることをおこなっても、口称念仏すれば極楽往生できると称しておおいに流行しているが、それを放置すれば肉食女犯《にくじきにょぼん》など破戒をことととする輩がふえ、国土が乱れてしまうと批判している。

この九箇条は、それぞれに興味深い内容を含んでいる。思想的に最も大きな意味を持つのは、第七の精神を集中して仏を想い浮かべ観じる観想念仏と「南無阿弥陀仏」と声に出して言うことだけの口称念仏のどちらが勝れているかということであろうが、これについては、あとでやや詳しく説明する。

3 「神々を信仰しない」という批判

一読してやや奇異な印象を受けるのは、第一の「新宗を立つる失」と第五の「霊神に背く失」である。とりわけ、専修念仏が日本の神々を信仰しないということは、一六世紀の一向一揆の時代や、ある意味では、近代の国家神道体制の中までに至る数々の弾圧において必ず問題にされたことである。しかし、仏教者が、たとえば、「仏教の戒律を守らない」とか「仏教の祖である釈迦を尊重しない」ということで専修念仏を批判するのは、ある程度わかるし、また、日本の神々を尊重しないことを神社や天皇権力が非難するのならわかるが、なぜこれが当時の主流の仏教の主張となるのであろうか。

従来、法然や親鸞が活躍した一二世紀後半から一三世紀は、鎌倉新仏教が登場し、それに呼応して旧仏教側も革新を唱えだす時期であると考えられてきたが、むしろ、この時期こそ後期荘園制を支える日本独自の仏教が成立した時期だということがわかってきた。先に引用した『愚管抄』の中に出てくる「顕密のつとめ」というのがそれで、最近の中世思想史学においては、「顕密仏教」と呼ぶ。「顕密仏教」とは、民衆を直にコントロールする呪術的な宗教（密教、修験道、神道など）を自らの体系の中に取り込んだ仏教のことであり、これによって天皇・神道・仏教が矛盾なく統一された。顕密仏教は、今日に至っても、専修念仏を基本的に崩さなかった浄土真宗以外の仏教各派とは、なお一定の親和性を保っている。顕密仏教の思想的基盤を用意したのは、空海の真言密教や最澄を祖とする天台宗の本覚思想《ほんがくしそう》であるが、これに基づく具体的な神仏習合の理論が完成するのは、一二世紀以降である。鎌倉幕府が成立して以後も、すくなくとも、織田信長のような顕密仏教を無視するような戦国大名が登場するまでは、顕密仏教は常に権力の中心にあった。鎌倉幕府も室町幕府もまた、政策ブレーンに必ず顕密僧を擁していたのである。鎌倉仏教が登場した時代と思われていた時代は、むしろ、顕密仏教が、それ以前の平安仏教・奈良仏教に比べてはるかに盛んになった時代だったのである。

だから、『興福寺奏状』を読むと、専修念仏とは、当時の天皇制権力とも神道を含んだ主流の仏教とも厳しく対立する思想運動だったことがわかる。

また、一二〇七年の弾圧前に『興福寺奏状』以外にもいくつかの弾圧要請があったことが文献的に知られている。それらのなかには、院の女官との「宿泊」スキャンダルに名を出す安楽についても「宿泊」疑惑事件のずっと以前に名指ししているものもある。安楽は、法然の主著『選択集』の筆記者（勘文《かんもん》）をつとめたことが知られており、専修念仏教団の思想的中心にいるとみなされていたのであろう。

これらのことから、事件が単なる私的な制裁ではなく国家権力による「合法的な」処罰であった、つまり、弾圧であったことがわかる。また、平安期は、死罪の規定がありながら、長く実施されなかったことが知られているが、そのことも考慮に入れると、一二〇七年の弾圧は、公権力による非常に大きな宗教弾圧だったといえるだろう。弾圧のきっかけ、あるいは、むしろ口実は、実際にあったかどうかが怪しいスキャンダルであったが、原因は明らかに法然・親鸞らの思想内容それ自体にある。

いったい、専修念仏とは、どのような思想であるのか。

〈注〉

（1）『歎異抄』などの表現に沿えば「悪人正因」とすべきであり、意味も「正機」とは微妙に異なるが、とりあえずはよく知られている「悪人正機」という表現を用いる。

（2）一二〇七年は建永二年、改元されて承元元年。法然を祖師とする浄土宗各派では、建永の法難と呼んでいる。

（3）『歎異抄』は成立時の本が残されていないので、この「あとがき」部分の著者は不明である。一人称として親鸞が用いられているとも取れるので、親鸞自身が記したと考えられないこともないが、動詞には親鸞に対する尊敬語と取れる（使役かもしれないが）表現があり、本人の記載とするにはなお疑問が残る。

（4）『後序』は、弾圧の経緯、師法然との出会い、および著作の内容的意義の三部分から成り立っており、はじめの弾圧の経緯に関する記述は、弾圧の五年後に記されたものである。つまり、弾圧の五年後に記したものを『教行信証』のあとがき部分に配したのである。すなわち、親鸞は弾圧の経緯を主著の執筆動機として掲げたのである。まさしく、親鸞の思想は、この弾圧の意味をはっきりさせることを大きな動機として形成されたものだといえる。

第1章　釈迦の教え

――法然や親鸞の説いた専修念仏は、仏教の一種です。ところが一口に仏教と言っても、実にさまざまな教えが説かれているように見えます。実際、日本の仏教に限っても主なものだけで十以上の宗派（華厳宗、法相宗、律宗、天台宗、真言宗、浄土宗、浄土真宗、臨済宗、曹洞宗、日蓮宗、時宗など）があり、さらには、中国や韓国にだけあった宗派もありますし、東南アジアに伝えられている上座部仏教や、チベットに伝えられたチベット仏教などもあって、それぞれ教えが違います。これらすべてを同じ宗教と見なすことは無理があるとまで言う人もいるほどです。はたして仏教とは何なのか、さまざまな教えに共通するそもそもの原点はどこにあるのでしょうか。（編集部）

言うまでもないが、専修念仏は仏教の一種である。仏教は、紀元前五世紀頃に北インドに生まれた釈迦という人物が創始した宗教である。仏教とは、仏陀《ぶっだ》の教えという意味であるが、仏陀とは、「苦悩の解決法に目覚めた人・覚者《かくしゃ》」という意味のインド古代語の音写である。釈迦の教えを聞いた人びとは、彼を信頼して自分も苦悩の解決法に目覚めた人「仏陀」に成ろうとした。すなわち、「成仏」を目指したのである。また、仏教においては、目覚めた人が他者を目覚めに導く教化者でもあるから、自分の目覚めをあとにしても他者の救済を目指すことを強調することも多かった。このような利他的な他者救済を強調する立場は、目覚めを目指す人という意味の「菩薩《ぼさつ》」の概念を拡大して、菩薩道とも称される。仏教は救済されることを希《こいねが》うという宗教ではなく、自ら目覚め（これを自利《じり》という）、他者を救済しよう（利《り》他教化《たきょうけ》）という両面が十分に備わった宗教だと考えられている。

一方、専修念仏は、浄土教の一種でもある。浄土教とは、仏教の目標である成仏（目覚め）の前段階として成仏に適した環境である「浄土」に生まれる（これを往生という）ことを当面の目標とする仏教の一種である。専修念仏は、この浄土往生の条件として称名念仏、すなわち、浄土建立者である阿弥陀仏の名を口に唱えることのみをおこなう（専ら修める）浄土教の一派である。こう言うと、専修念仏は呪文のごときものを唱えて自己の救済を希う宗教のように見えて、自ら利他的社会的な活動に取り組む「仏教」からの逸脱のように思われるかもしれない。実際、専修念仏を批判する側の人たちがそう考えていたことは、序章で紹介した『興福寺奏状』の内容からもうかがえる。

私は、専修念仏こそが仏教の精神をまっすぐに展開しているのだと考えているが、それを説明するために、まずは、専修念仏の外観とは異なって見える「はじめの目覚めた人（仏陀）」である釈迦の言葉を聴いてみようと思う。

1　自律の智恵と他を思いやる慈悲の人間関係

①
すべての者《もの》は暴力《ぼうりょく》におびえ、すべての者は死《し》をおそれる。己《おの》が身《み》をひきくらべて、殺《ころ》してはならぬ。殺させてはならぬ。（「釈迦『ダンマパダ』第一二九偈《げ》・他《た》を思《おも》いやる慈悲《じひ》）

②
自己《じこ》こそ自分《じぶん》の主《あるじ》である。他人《たにん》がどうして（自分の）主であろうか？　自己をよくととのえたならば、得《え》がたき主を得る。（同前、第一六〇偈・自律《じりつ》の智慧《ちえ》）

釈迦の語録として始まった『経典』の原型は紀元前三世紀頃に成立して今日までほとんど変化のないパーリ語経典に求められる。その中でも釈迦の息吹をありありと伝える『ダンマパダ』（中国古典語訳では『法句経《ほっくきょう》』）にはこのような具体的な表現が多数ある。その中からこれぞ仏教というものを選ぶとすれば、私は躊躇なくこの二句をとる。

仏教が「苦悩の解決法」であるならば、暴力、とりわけ、殺されることがない世界が実現されていなければならない。第一二九偈の前半の「殺してはならぬ」までは、殺されることがない世界を各々の殺さないという決意と実践に求めている。そのためには、各々が自己をよくととのえねばなるまい。個人による暴力や殺人の原因は恨みや怒りなどの感情であるから、それを静める瞑想などもその実践法に入るだろう。

しかし、後半の「殺させてはならぬ」を実現するには、個人的な「自己をよくととのえる」というだけでは無理である。「殺してはならぬ」ということだけならば、殺す人の個人的な怒りや恨みのコントロールだけでもよいかもしれないが、「殺させる」ということは、殺す人だけでなく、殺させる人、殺される人の三者がなければ成立しない。これは、個人的なできごとの次元を超える社会的なできごとと考えなければならない。すなわち、「殺させる」という事態が成立するためには、殺させる人が、殺すことを強いられる人を支配していなければならない。「殺させてはならぬ」という教えの実現には、支配的差別的な社会の変革が前提されていなければならない。

その意味で、「自己をととのえる」ことを促す第一六〇偈が、まず「自己こそ自分の主である」という自我の確立を述べていることはきわめて重要であると思われる。自己こそが自分の主であって他人が自分の主ではないということは、自律の基礎であると同時に平等の基礎でもあるからだ。

2　苦悩の解決法

仏教の説く「苦悩の解決法」とはいったい何か。仏教を特徴付ける「無我」という言葉がある種の主体性の放棄を連想させることも影響して、長い年月の間に、「苦悩を苦悩と思わないように努めること」とか「大いなるものにしたがって自分が主であるなどの思いあがりの気持ちを捨て去ること」などといったとんでもない方向にいってしまったものもあるが、もともとはきわめて単純なものであったと思う。苦悩とは「恐怖と欠乏から免かれ(1)」ることができず、「平和のうちに生存する」ことができないことであろう。恐怖は他人が自分の主である状態、つまり、差別・支配から生ずるものであろうし、それは、近現代での徴兵などのように殺し殺される場へ引き出されることによって倍加するだろう。苦悩の解決とは、それらのこととの解決でなければならないのはきわめて当然のことである。

ここに挙げた釈迦の二つの詩句は、苦悩の解決法を単なる個人的な出来事だけではなく、社会的な出来事の中で考えるという仏教の姿勢を示している。したがって、『ダンマパダ』のこの二句の実現が仏教の実現であるといってよい。すなわち、仏教とは、冷静に、自律した自分の智恵を磨き、その智恵によって自分や他者の苦悩の原因を探求し、それを解決するべく実践するものであり、伝統的な用語で言えば「自利利他円満《じりりたえんまん》」ということになる。ただ、釈迦には、「自己を所有しない」とか、さらによく知られている「無我」というような表現もあるので、そこから、仏教が、いわゆる自己中心性を厳しく否定し、時には、主体性を放棄した滅私奉公的な思想だと誤解されたり、その方向を強調することによって、権力に従順な人間を作る思想として働いたという歴史的な事実があることも否定できない。だが、ダンマパダの「無我」とは、自己ならざるものを自己として執着するなという意味であって、自己の自律を否定するような滅私奉公的な意味はまったくない(2)。

〈注〉

(1) 括弧内は「日本国憲法前文」からの引用である。

(2)「無我」の本来的意味とは、つぎのようなものである。釈迦の最重要な基本思想のひとつは「縁起の理法」と呼ばれるものであるが、「縁起」とは、この世界に恒常的に存在する不変の実体などなく、すべては原因(因)と条件(縁)によって生ずるのであり、原因と条件が取り除かれたり変化すれば消滅するということを主張する思想である。苦悩の解決もこの原理によって、原因と条件を取り除くことでおこなわれる。この「縁起の思想」の文脈で「この世界に恒常的に存在する不変の実体などない」ことを「諸法無我」「諸行無常」などと表現する。

第2章　浄土教と口称念仏の出現

――古代インドに現れた釈迦による教えとは、苦悩の解決法に自ら目覚め、自らと他者の苦悩を取り除く実践でした。そうすると、他力本願で極楽浄土に生まれ変わることを願うとされる浄土教とずいぶんイメージが違います。しかし、法然や親鸞は浄土教も仏教であると確信していました。見かけの上ではかなり違う釈迦の教えと浄土教の関係はどのようなものでしょうか。（編集部）

1　浄土の建立

自ら目覚め他者を救うために「自己をよくととのえる」とはどういうことだろうか。また、基本的に自己の中で完結する「殺さない」ではなく、他者にかかわって「殺させない」という利他《りた》教化《きょうけ》はいかにして実現できるのだろうか。純粋に自己だけで完結する「自己をととのえる」だけでもかなり困難であるし、それを他者にかかわって社会的に実現するとなると、いくら時間がかかるかはかり知れない。

釈迦の没後、大きくなった教団の中で、自己だけで完結する実践に収縮する傾向も見られたが、他者の救済という困難な理想に向かう集団も現れた。釈迦没後少なくとも百年以上は経過した紀元一世紀前後に現れる大乗仏教の運動である。大乗仏教においては、目覚めを目指す人たちの集まりという意味の菩薩の概念を拡大して、他者の救済のために自己の救済を後回しにしてもよいという誓いの道に生きることを菩薩道《ぼさつどう》（大乗菩薩道ともいう）と称した。これらの人は、兆歳《ちょうざい》の修行とかガンジス川の砂の数ほどの年月の修行などという誇張的な表現をとったきわめて長時間の修行を誓ったりした。救済の対象である衆生《しゅじょう》もはかり知れない数であるからだ。

それと並行する形で、短い一生では、完全な目覚めを実現しようがない普通の人間が、この世とは別の世界で目覚めのために修行するための最高の環境を提供するところとして極楽国土・浄土の概念が生まれた。浄土とは、真理そのものが人間の形をして応現した阿弥陀如《あみだにょ》来《らい》(1)によって建設された国である。釈迦の没後に製作された浄土経典群においては、平和と平等の願いを直接に述べるのはわれらと同じ歴史上の人・釈迦ではなく、阿弥陀如来である。浄土経典では、釈迦は、私たちにこの阿弥陀如来の物語を紹介するという役割にとどまっている。

浄土という概念が登場することによって、仏教は大きく外観を変える。すなわち、みずから苦悩の解決法に目覚め自己だけでなく他者に対しても苦悩の解決を実践する宗教である仏教が、阿弥陀如来という絶対者によって救済され安楽な世界に招かれるという受身の「救済の宗教」の外観を持つことになったのである。したがって、浄土教は、出現当初から正当な仏教からの逸脱と見られて批判にさらされてもいた。目覚めのために環境を云々すること自体が志の低さを表しているという批判がある。安楽な環境に往くことだけが目標になって、安逸を求める利己的な欲望を満足させるだけの邪教であり、仏教とはいえないという批判もある。これらの批判は、専修念仏に対する弾圧要請状『興福寺奏状』にまで姿を変えて残っている。これに対して、浄土教の側からは、浄土往生はあくまでも他者の救済をも可能にする目覚め（成仏）の前段階であって、それ自体が目的ではないなどの反論（いいわけ？）がなされてきた。

しかし、私は、浄土教は、本来社会的な苦悩の解決を内包していたはずの仏教の前進とみなすこともできると思う。なぜなら、目覚めのために適した環境ということで、目に見える形で社会環境を問題とするからである。構想される浄土は目覚めに適した環境でもあるが、その目覚めによって解決される苦悩のないところ・安楽国としても表現されている。目覚めに適した環境は、同時に目覚めた者たちが作り上げる世界の目標を表しているのである。それは、社会の目標の指針となり、現実社会の批判原理ともなる。

〈浄土建立の誓い〉

では、代表的な浄土経典『大無量寿経《だいむりょうじゅきょう》』を読んでみよう。経典は、釈迦が阿弥陀如来による浄土の建設の由来と浄土往生の方法を紹介するという神話的な形で構成されている。「神話」の中の阿弥陀如来は修行時代には「法蔵菩薩《ほうぞうぼさつ》」と名乗っていた。法蔵菩薩はすべての人びとの成仏を可能にする浄土建立の誓いを立て、無限に近い時間の修行によってそれを実現する。建立の際の誓いは四十八箇条あり、これを四十八願という。

四十八の誓願のうち、親鸞が重要視したいくつかの願を読んでみよう。

③

たとい我《われ》、仏《ぶつ》を得《え》んに、国《くに》に地獄《じごく》・餓鬼《がき》・畜生《ちくしょう》あらば、正覚《しょうがく》を取《と》らじ。（『大無量寿経』、**第一の願《がん》**）

［たとえ私が（個人的に）苦悩の解決法に目覚めることがあったとしても、私と共に暮らす浄土の人びとの中に殺戮・欠乏・恐怖支配などのことがあるようでは、本当の目

覚めとするわけにはいかない。」

たとい我、仏を得んに、十方世界《じっぽうせかい》の無量《むりょう》の諸仏《しょぶつ》、ことごとく咨嗟《しさ》して、我が名を称せずんば、正覚を取らじ。（同前、第十七の願）

［たとえ私が（個人的に）苦悩の解決法に目覚めることがあったとしても、（私の浄土の国内だけでなく）あらゆる世界の無数の目覚めた人びとが、私と私の国の名の由来である平和と平等をほめたたえて、いろんな人びとに聞こえるように述べ伝えることがないようでは、本当の目覚めとするわけにはいかない。」

たとい我、仏を得んに、十方衆生《じっぽうしゅじょう》、心を至し信楽《しんぎょう》して我が国に生まれんと欲《おも》うて、乃至《ないし》十念《じゅうねん》せん。もし生まれずんば、正覚を取らじ。唯《ただ》五逆《ごぎゃく》と正法《しょうぼう》を誹謗《ひぼう》せんをば除く。（同前、第十八の願）

［たとえ私が（個人的に）苦悩の解決法に目覚めることがあったとしても、あらゆる世界のいろんな人びとが、心から私の国に生まれたいとわずか十念でも願うのに、それで往生できないようでは、本当の目覚めとするわけにはいかない。ただし、父母を害したり目覚めた人を害するなどの五つの罪を犯す者や仏教を誹謗する者は除く。」

第一の願は、浄土がどのような環境のところであるかを述べた願のグループに属し、異なるバージョンの経典においても常にトップに掲げられている。浄土とは、この現実の娑婆《しゃば》世界と異なって、差別と殺戮による「恐怖と欠乏から免かれ」、人びとが「平和のうちに生存する」安楽な世界であることを示している。

第十七の願は、浄土が他国の目覚めた人びとたちからどのようにみなされるかということについて述べたものであり、浄土の理念が時代と場所を超えて伝達されることを誓っている。親鸞は、この伝達されることを称名念仏によって成立する「利他教化」の中心とみなし、この願を重視した。

さて、第十八の願は、「十方衆生」、すなわち、すべての人びとに浄土往生の道筋を示したものであるから、多くの浄土思想家が最重要視したものであり、親鸞もまたそうである。しかし、その方法は「至心信楽欲生我国乃至十念」とあり、「熱心に浄土往生を願望し、少なくとも十回くらいは精神を集中して阿弥陀如来の姿や説法をありありと思い浮かべる」ということであり、必ずしも容易ではない。また、すべての人の往生というが、「唯除五逆誹謗正法」というふうに悪人は除かれているように見える。

2　「念」から「称」へ

出現したばかりのころの浄土教は、みずから目覚めみずから実践する正当な仏教の建前を維持しており、往生についても、いわば、成仏の前提となるイメージトレーニングを要求するような説き方になっている。実際、『大無量寿経』にならんで重視された『観無量寿経《かんむりょうじゅきょう》』では、経典のタイトル「観」にふさわしく、釈迦が浄土往生の方法を問う韋提希夫人《いだいけぶにん》（ヴァイデーヒー）に対して、そのようなイメージトレーニング法を説いているかのように見える。韋提希というのは、釈迦教団の後援者でもあったマガダ国の王・頻婆娑羅《びんばしゃら》（ビンバシャーラー）の夫人である。釈迦の親戚でもあり、釈迦教団の一員でもあった提婆《だいば》（デーヴァダッタ）のそそのかしによって息子の阿闍世《あじゃせ》（アジャータサトル）が王位簒奪の反逆をおこし、夫の王を幽閉されるだけでなく、幽閉された夫に食事を運んだことをとがめられ、息子に殺されそうになる。釈迦が生きた時代に起こったこの有名な事件は、多くの経典で言及されている。韋提希は、息子に殺されそうになる不幸を嘆き、そのような息子を産んだ運命を呪い、釈迦に対してこのような苦悩のない世界に生まれたいとねがう。『観無量寿経』は、韋提希がそこへ生まれる方法を釈迦に請うた教えという構成になっている。釈迦は、韋提希の心を落ち着かせながら、西方に沈む夕日のイメージから始めて、浄土にある池のイメージ、ついには説法する阿弥陀如来自身のイメージというように、あたかも実際に往生したかのようなイメージを懐くトレーニングを説き始めるのだが、こうしたイメージトレーニングの総括としてさまざまな人びとを、上の上・上の中というふうに最後は下の下まで九段階に分けて浄土往生法を説く。九段階は、順に上品上生《じょうぼんじょうしょう》・上品中生《じょうぼんちゅうしょう》というように表現され、最後が下品《げぼん》下生《げしょう》である。下品下生に登場する悪人・愚人はイメージトレーニングさえできない人である。

最後の下品下生を、この経典を詠む者も、登場人物の韋提希も自分に向けられた教えだなどとは思わない。ところが、この部分に注目することによって、浄土教はもう一度大きな転換を果たす。すなわち、精神集中して仏をイメージする「観想念仏《かんそうねんぶつ》」から「南無阿弥陀仏」と声に出す「称名念仏《しょうみょうねんぶつ》」への転換である。

④
仏《ぶつ》、阿難《あなん》および韋提希《いだいけ》に告げたまわく、「「下品下生《げぼんげしょう》」というは、あるいは衆生《しゅうじょう》ありて、不善業《ふぜんごう》たる五逆《ごぎゃく》・十悪《じゅうあく》を作る。もろもろの不善《ふぜん》を具せるかくのごときの愚人《ぐにん》、悪業《あくごう》をもってのゆえに悪道《あくどう》に堕《だ》すべし。多劫《たこう》を経歴《きょうりゃく》して、苦を受くること窮《きわ》まりなからん。かくのごときの愚人、命終《みょうじゅう》の時に臨みて、善知識《ぜんぢしき》の、種種《しゅじゅ》に安慰《あんに》して、ために妙法《みょうほう》を説《と》き、教《おし》えて念仏《ねんぶつ》せしむるに遇《あ》わん。この人、苦《く》に逼《せ》められて念仏するに遑《いとま》あらず。善友《ぜんぬ》告《つ》げ

て言わく、「汝《なんじ》もし念《ねん》ずるに能《あた》わずは、無量寿仏《むりょうじゅぶつ》と称《しょう》すべし」と。かくのごとく心を至して、声をして絶えざらしめて、十念を具足《ぐそく》して南無阿弥陀仏と称せしむ。仏名を称するがゆえに、念念の中において八十億劫《おくごう》の生死《しょうじ》の罪を除く。命終の時、金蓮華《こんれんげ》を見る。猶《なお》し日輪《にちりん》のごとくしてその人の前に住す。一念の頃《けい》のごとくに、すなわち極楽世界に往生することを得ん。（『観無量寿経』）

［釈迦仏は、弟子でもあり従者でもある阿難と韋提希に対して説かれた。「下品下生というのは、父母を害したり目覚めた人を害するなどの五つの罪や盗みや虚言などの十種の悪を犯す者のことである。これらの者は悪業のゆえに地獄に堕すはずの者であり、無限に近い長い時間を経ても苦を受けることに極まりがないほどの者である。このような愚かな人が、臨終に際してよき指導者が来て憐れんで奥深い法を説いて精神集中して仏をイメージすることを教えたとしても、悪業の苦しみで惑乱し精神集中するいとまもないだろう。この時、よき友が彼に告げる。「君、もし念ずることができないなら、無量寿仏と称えなさい」。そこで、彼は熱心に十回ばかり「南無阿弥陀仏」と称えることができた。仏の名を称えるがゆえに彼の罪は除かれ、命が終わるときにまるで太陽のように輝く光の輪を目にする。それで、一瞬のうちに極楽世界に往生することができる。」

『大無量寿経』の十八願と『観無量寿経』の下品下生の称名を最初に連結させたのは、道綽《どうしゃく》（五六二―六四五）である。道綽は、主著『安楽集《あんらくしゅう》』の中で、「『大経』にのたまはく、もし衆生ありて、たとひ一生悪を造れども、命終の時に臨みて、十念相続《じゅうねんそうぞく》してわが名字を称せんに、もし生ぜずは正覚を取らじ」と記している。「『大経』すなわち、『大無量寿経』に書かれている」としているが、実際には、「命終の時」であるとか「一生悪を造れども」などといった表現は、『大経』ではなく『観経』のものである。とりわけ、「わが名を称える」ことが十八願の趣旨だとしたことの意義は大きい。

この考えをさらに一歩大きく進めたのは善導《ぜんどう》（六一三―六八一）である。善導は、『観経《かんぎょう》疏《しょ》』という『観無量寿経』の独創的な解釈書を記したのだが、自分を登場人物の韋提希と一体化させ、下品下生に示された「称名念仏」こそが、自分と韋提希に、そしてすべての大衆に向けられた往生浄土の正しい実践（正行《しょうぎょう》）であると主張した。そして、その考えに基いて『大無量寿経』の十八願を「たとえ私が（個人的に）苦悩の解決法に目覚めることがあったとしても、あらゆる世界のいろんな人びとが、私の国に生まれたいと思って、十回も声を振り絞って私の名前を称えるのに、私の誓願の力で往生できないようでは、本当の目覚めとするわけにはいかない」と読み替えた(2)。すなわち、「念」を「声」に変更してしまったのである。

こうした十八願解釈の最後に親鸞の解釈が連なる。親鸞は、十八願本文にある「至心信楽欲生（熱心に浄土往生を願望する）」という優れた人にしかできない精神集中的なものを、私たち自身がおこなうこととする常識を覆す解釈を施したのである。親鸞は、『教行信証』において、「本願成就の文、『経』（大経）に言わく、諸有衆生、その名号《みょうごう》を聞きて、信心歓喜せんこと、乃至一念せん。至心に回向せしめたまえり。かの国に生まれんと願ずれば、すなわち往生を得、不退転に住せん。ただ五逆と誹謗《ひぼう》正法《しょうほう》とをば除く」と述べている。

熱心に浄土往生を求めて精神集中することができない悪人にそれを要求するのではなく、至心に尊敬語を付け加えることによって至心の主体を阿弥陀如来に変更した(3)のである。

3 「それっていいですね」と声に出して言う

これらの解釈の歴史を踏まえて、第十八の願をもう一度翻訳しなおせば、つぎのごとくになる。

「たとえ私が（個人的に）苦悩の解決法に目覚めることがあったとしても、あらゆる世界のいろんな人びとが、『私の国に往生することを願え』という私の純粋な希望に応じて、『それっていいですね（南無阿弥陀仏）』と一言でも発して、それだけで往生できないようでは、本当の目覚めとするわけにはいかない」。

すなわち、「心を至し信楽して」の主語を衆生ではなく阿弥陀如来に転換し、「欲生我国」

を「私の国に生まれるように願えと（衆生ではなく如来が）欲する」としたのは、親鸞の解釈によるものであり、「乃至十念（せめて十回でも念ずる）」を「ただ一声でも発して」とした(4)のは、善導と法然による。また、最後の「唯五逆と正法を誹謗せんをば除く」を省いてしまったのは、善導・法然の解釈を踏まえている。なお、本来のテキストにある「唯五逆と正法を誹謗せんをば除く」については、私は、後で解説する親鸞の教誡《きょうかい》(5)を踏まえてつぎのように解釈すればよいと思っている。

「ただ、この南無阿弥陀仏という言葉を平和と平等を望むためではなく、その逆の目的のために利用するような者たちは除く」。

したがって、浄土経典に書かれていることを単純化すると、つぎのようになると思う。

「私の名前は阿弥陀といいます。恐怖と欠乏と殺戮がないくにを建立することにしました。このくにへの参加資格は『それっていいですね、私も阿弥陀さんに賛成です。私もそのくにに所属したいです（南無阿弥陀仏）』と声に出して言うこと（称名念仏）だけです。みんながそれを聞いて同じように『それっていいですね』と言っています（諸仏称賛）から」（『大無量寿経』の四十八願に照らすと、「恐怖と欠乏と殺戮のないくにを建立する」というのが第一願から第四願まで。称名念仏が第十八願、諸仏称賛が第十七願）。

〈注〉

（1）釈迦の死後、すでに肉身としては存在しない釈迦仏に代わって、釈迦を仏陀（目覚めた人）たらしめた真理（法《ダルマ》）の身体、すなわち、「法身《ほっしん》」の概念が成立し、肉身の釈迦を法そのものがこの世に応現した「応身《おうじん》」と考える仏身論も盛んになった。応身は歴史上に現れるが、法身は不生不滅の存在である。法身は法を象徴する車輪（法輪）の形で表されることが多い。初期の仏教芸術においては、釈迦が実際の身体の形象をもって表現されるのではなく、法輪の形で表現されることが普通だった。また、歴史上の釈迦に用いる「応身」と区別して、人間の姿をしていても理念的な存在である阿弥陀如来や大日如来には「報身《ほうじん》」という用語が用いられるのが普通である。しかし、後に紹介する曇鸞（四七六－五四二）や親鸞は、阿弥陀如来を「方便法身」（真理そのものが人間の感覚に映る手立て・方便として現れたもの）とも表現している。

（2）原文は「もしわれ仏にならんに、十方の衆生、わが国に生ぜんと願じて、わが名号を称すること下十声に至らんに、わが願力に乗りて、もし生ぜずは、正覚を取らじ」。この読み替えは、『観経疏』ではなく善導の『大経』についての解釈が述べられる『観念法門』に現れる。

（3）これがいわゆる「他力」である。浄土往生に関するかぎり、個人差のある自力は問題にならない。

（4）これが「称名念仏」または「唱名念仏」。「念仏」は本来的には仏の姿を「観念」「観想」することを含む。

（5）第6章参照。

第3章　革命的思想家・法然

――浄土経典の説くところは釈迦の教えを他者の救済という方向へと発展させたものでした。それにしても、「それっていいですね」と声に出して言うだけというのでは、簡単すぎてなんとも心もとない気もします。それだけでいい、と言われても、うまい話には裏があるというではありませんか。「それっていいですね」と声に出して言うだけでいい理由は何なのでしょうか。（編集部）

つぎに、親鸞に決定的影響を与えた法然の思想を概観しておこう。現在でこそ法然を開祖とする浄土宗と、親鸞を開祖とする浄土真宗は別の宗派だけれども、親鸞自身は、自らの仕事を法然思想の継承以外にはないと自覚しており、法然とは別の教団を形成しようとはまったく考えていなかった。

1　浄土教こそが仏道を実現する

⑤

『安楽集《あんらくしゅう》』の上にいはく、「問ひていはく、一切衆生《いっさいしゅじょう》はみな仏性《ぶっしょう》あり。遠劫《おんごう》よりこのかた多仏《たぶつ》に値ひたてまつるべし。なにによりてか、いまに至るまでなほみづから生死に輪廻《りんね》して火宅《かたく》を出でざるや」。（法然『選択集』冒頭）

［道綽の著作『安楽集』の上巻につぎのように述べられている。「問いを出したい。すべての人間は、仏道を成就する潜在的能力を備えているはずである。そして、遠い昔からさまざまな目覚めた人〈仏陀〉に出会ったはずである。それなのに、いったいなぜ今に至るまで、人びとは、仏道が実現しないこの世界で生まれ死に、燃え盛る家のような殺戮と差別の現実から出られないのか」。］

『選択集』は、この道綽の『安楽集』の問いの引用から始まる。『選択集』一巻は、この問いに対する応答である。この問いに対する道綽自身の答えは、「世も末で衆生の能力が衰えている今日では浄土往生による仏道の実現しかないのだ」という消極的とも見えるものであるが、法然の答えは、専修念仏の「浄土宗」という一宗を確立し、他の道は捨てよという「革命的な」ものだった。

ここで注意しなければならないのは、道綽も法然も仏道の実現について単に自利として「浄土に行くこと」とだけ考えていないことである。あくまでも、仏道の実現とは、すべての人びとが火宅を出ること、すなわち、平和と平等の中に生活する利他としての仏道の実現なのである。したがって、法然は、浄土往生の方法として専修念仏を提唱したのであるが、専修念仏はけっして浄土往生のためだけの手段ではない。すべての人びとが平和と平等の中で生活すること、すなわち、仏道の実現の道として専修念仏を提唱したのである。

2　専修念仏は自利利他円満の正しい方法なのか

⑥

わたくしにいはく、一切の諸仏おのおの総別《そうべつ》二種の願あり。『総《そう》』といふは四弘誓願《しぐぜいがん》これなり。『別《べつ》』といふは釈迦の五百の大願、薬師の十二の上願等のごときこれなり。いまこの四十八の願はこれ弥陀《みだ》の別願なり。（法然『選択集』本願章）

「私（法然）の解釈を述べよう。すべての仏にはすべての仏に共通する願いである「総願」と、そのような総願をそれぞれの仏に固有の方法で実現する「別願」というものがある。「総願」というのは「四弘誓願《しぐぜいがん》」がそれに当たる。「別願」とは釈迦の五百の大願や薬師如来の十二の願などのことをいう。今問題にしている四十八願とは阿弥陀如来における別願である。」

法然は、一切の仏には、すべての仏道を目指すものに共通する「総願《そうがん》」と個別の願とのふたつがあるとしたうえで、共通する願とは「四弘誓願」だとしている。四弘誓願とは、「衆《しゅ》生《じょう》無《む》辺誓願度《へんせいがんど》、煩悩《ぼんのう》無《む》数誓願断《しゅうせいがんだん》、法文《ほうもん》無《む》尽誓願学《じんせいがんがく》、仏道《ぶつどう》無《む》上誓願成《じょうせいがんじょう》（衆生は限りなく存在するが、これをすべて救済する。煩悩は無数にあるが、これをすべて滅する。経典論書は尽くしきれないほど登場するが、これをすべて学ぶ。仏道はこの上ないものであるが、誓って成就する）」というものである。一見してわかるように、四弘誓願には、自利だけではなく利他がきちんと表明されている。法然は、このように自利利他円満なる四弘誓願のようなすべての仏に共通する願いを、具体的個別的に実現するのが、阿弥陀如来の「別願」、すなわち、称名念仏のみによる浄土往生だというのである。

ただし、この箇所は言っただけであって、称名念仏がどうして利他の意義を持つのかの説明はされていない。

3　称名念仏だけが本願なのか

法然は、彼が「ひとえにこの師に依る（偏依善導《へんねぜんどう》）」とした善導の解釈を超えて、称名念仏だけが仏の本願で他のものは本願ではないとした。つまり、善導は、浄土往生のためのさまざまな観想《かんそう》（イメージトレーニング）法が説かれているかに見える『観無量寿経』の独創的解釈において、最も器質の劣るもののために説かれた称名念仏を「正行《しょうぎょう》（他は雑行《ぞうぎょう》）」「正《しょう》業《ごう》（他は助業《じょごう》）」とした。この解釈でも十分にラディカルといえるが、法然は、さらにそれら「雑行（正当な行に対する種々の行）」「助業（正当な活動を補助する活動）」を「本願ではない」と切り捨てたのである。

称名念仏のみを選んで他を切り捨てた理由は、二点によって説明されている。ひとつは、念仏が「容易」な行であること、もうひとつは、念仏が他の行より勝れていることだとされる。

〈称名念仏は容易である〉

⑦の1

念仏《ねんぶつ》は易《やす》きがゆゑに一切《いっさい》に通《つう》ず。諸行《しょぎょう》は難《かた》きがゆゑに諸機《しょき》に通ぜず。しかればすなはち一切衆生《いっさいしゅじょう》をして平等《びょうどう》に往生《おうじょう》せしめんがために、難《なん》を捨《す》て易《い》を取《と》りて、本願《ほんがん》となしたまへ

るか。もしそれ造像起塔《ぞうぞうきとう》をもって本願となさば、貧窮困乏《びんぐこんもう》の類《たぐい》はさだめて往生《おうじょう》の望《のぞ》みを絶《た》たん。しかも富貴《ふうき》のものは少なく、貧賤《ひんせん》のものははなはだ多し。もし智慧高才《ちえこうさい》をもつて本願となさば、愚鈍下智《ぐどんげち》のものはさだめて往生の望みを絶たん。しかも智慧のものは少なく、愚痴のものははなはだ多し。もし多聞多見《たもんたけん》をもって本願となさば、少聞少見《しょうもんしょうけん》の輩《やから》はさだめて往生の望みを絶たん。しかも多聞のものは少なく、少聞のものははなはだ多し。もし持戒持律《じかいじりつ》をもって本願となさば、破戒無戒の人はさだめて往生の望みを絶たん。しかも持戒のものは少なく、破戒のものははなはだ多し。自余《じよ》の諸行これに準じて知るべし。

まさに知るべし、上の諸行等をもって本願となさば、往生を得るものは少なく、往生せざるものは多からん。しかればすなはち弥陀如来《みだにょらい》、法蔵比丘《ほうぞうびく》の昔《むかし》平等《びょうどう》の慈悲《じひ》に催《もよお》されて、あまねく一切《いっさい》を摂《しょう》せんがために、造像起塔等の諸行《しょぎょう》をもって往生の本願となしたまはず。ただ称名念仏一行《しょうみょうねんぶついちぎょう》をもってその本願となしたまへり。（法然『選択集』難易対《なんいたい》）

［称名念仏という方法は容易であるからすべての人に通用する。他のさまざまな方法は困難であるからさまざまな人に通用するというわけにはいかない。だから阿弥陀如来はすべての人びとを浄土往生させるために困難な方法を捨てて容易な方法を採用して本願となさったのだろう。もし、浄土往生の条件に、たくさんの灯明料《とうみょうりょう》を払って仏像を

つくるとか、寺院・塔を建立する（造像起塔）ということだったら、貧しいものは往生できない。もし、超越的智慧が必要だというなら、そんなものは人間の普通の理性においては、原理的に習得不可能だ。豊富な経験、豊富な知識が必要だといっても、食うに追われる人生は限られている。自我の欲望を完全に滅せよなどという戒律が必要だ、などと言っても、そんなことをできるものは誰もいない。それでは、すべてのものを平等に救おうという阿弥陀如来の本願の趣旨に反するじゃないか。だから、阿弥陀は、たくさんの灯明料を払って「造像起塔」なんてする必要がない、誰にでもできる称名念仏以外は捨ててしまえといっているのだ。」

〈称名念仏は勝れている〉

⑦の2

勝劣《しょうれつ》とは、念仏はこれ勝《しょう》、余行《よぎょう》はこれ劣《れつ》なり。所以《ゆえん》はいかんとならば、名号《みょうごう》はこれ万《まん》徳《とく》の帰するところなり。しかればすなはち弥陀一仏のあらゆる四智《しち》・三身《さんじん》・十力《じゅうりき》・四無《しむ》畏《い》等の一切の内証《ないしょう》の功徳《くどく》、相好《そうごう》・光明《こうみょう》・説法《せっぽう》・利生《りしょう》等の一切の外用の功徳、みなことごとく阿弥陀仏の名号のなかに摂在《しょうざい》せり。ゆゑに名号の功徳もっとも勝となす。余行はしからず。おのおの一隅《いちぐう》を守る。ここをもつて劣となす。（法然『選択集』勝劣対）

「勝劣の差というのは、念仏が勝れていて余行《よぎょう》が劣っているということである。なぜかというと、名号にはすべての徳がこもっている。だから、弥陀如来が備えるすべての徳である智恵などの内心の徳と説法や利生《りしょう》などの社会的な徳のすべてが阿弥陀仏の名号の中にこもっている。だから、名号の功徳が勝だというのである。余行ではそうはいかない。それぞれの行に固有の功徳しかない。だから、余行は劣っているというのである。」

念仏には、一切の功徳がこもっているが、他の行は、その行に固有の一部の功徳しか生じないから念仏がすぐれている。どうしてそんな都合のいいことが言えるのかという疑問が生じるが、法然は理由を詳しく記さない。法然はこのように、称名念仏が易しいことと勝れていることによって如来に選択された本願だと言うのだが、易しいということは確かにわかるが、勝れているということがどうしていえるのか。法然の思想にとって非常に大切なことだが、法然を継承する人びとの中で親鸞以外からはその意義が見すごされている。

法然が言う一切の功徳とは、「内証の功徳、外用《げゆう》の功徳」である。すなわち、内面に最上の知恵や欲望に惑わされない安らぎなどの功徳が生ずることと対人的に説法や利他教化の功徳が生ずることの両面である。称名念仏は、単に自分の往生の方法としてだけではなく、衆《しゅ》生済度《じょうさいど》の実践の意味を持つから勝れているというのである。後に説明する親鸞的・曇鸞《どんらん》的な表現をすれば「還相廻向《げんそうえこう》」とか「利他教化地《りたきょうけじ》」ということになるが、法然は、こういうことを、さらりと書くのである。

一方、称名念仏以外の行、すなわち「余行」は、そのように一切の功徳がこもっているということはない（余行はしからず）というのだが、なぜそのようなことが言えるのだろうか。法然が詳しく示さないその理由を説明しているのが、まさしく親鸞の『教行信証』の『証《しょう》巻《のまき》』なのである。あとの⑨でやや詳しく説明するが、一言で言えば、自分にも他人にも聞こえる称名念仏が平和と平等の希望を人びとに伝え互いに励ましあうということである。

したがって、「一切衆生悉有仏性《いっさいしゅじょうしつうぶっしょう》（すべての人間は、仏道を成就する潜在的能力を備えている）」という言葉は誰でも知っていたが、法然・親鸞によって煩悩成就の凡夫《ぼんぷ》が誰でもできる専修念仏に根拠を置いて互いに「御身ひとりのことにはあらず（1）」と励ましあう、聞名《もんみょう》と称名の共存・響きあいの世界が示されるまでは、画に描いた餅にすぎなかったのである。

専修念仏こそが如来の本願であることを示した思想は、すべてのただ念仏するだけの人びとが「煩悩成就の凡夫」であると同時に、概念としての「仏性」ではなく、実際にこのうえもない悟りの境地と、他者を救う働きをもつ仏と等しい存在であること、なにものからも侵されることのない尊厳性を備えた個人であることを明らかにしたのである。

〈注〉

（1）越後への流罪から関東に定着した親鸞が、晩年に京に戻った頃、残された関東の門弟たちが若き日の親鸞と同様の弾圧を受けた。その際に弾圧を受け訴訟の中心にいた弟子・性信《しょうしん》に書き送った手紙の中にある言葉。「この事件はあなた一人のできごとではない。すべての念仏者の課題である」。

第4章　善導・法然・親鸞の伝統

——専修念仏こそが如来の本願であり、その念仏とは称名念仏のことだとしても、やはり「専修」というくらいですから、専ら修めるという言葉通り、三六五日、昼も夜も念仏に専念して、浄土に往生して悟りを開こうという思いを、片時も忘れずに心にかけて生きることが必要なのでしょうか。（編集部）

さて、称名念仏のみが本願だということを言っても、簡単には信じられない。人並みはずれて熱心で純粋な念仏ならばともかく、ただの念仏ではだめだろうなどという疑問が生ずる。そのことに直接答えるわけではないが、法然は、本願ではないとして切り捨てたものがどういうものなのかということを説明する。

捨てるものとして代表的に挙げられているのは、先の「難易《なんい》」の説明にも登場する「造像《ぞうぞう》起搭《きとう》」、すなわち、高額の寄付や布施を要求する宗教と、もうひとつ「菩提心《ぼだいしん》」である。前者が否定されることは理解しがたいことではない。法外な寄付の要求は、常識的に考えても、宗教の持つ〝いかがわしさ〟を代表するものだろう。しかし、菩提心とは、熱心に仏道を求める心という意味であるから、これが捨てられるということはすぐには理解しがたい。

だが、よく考えてみると、「造像起搭」が捨てられる根拠は平等に反するということであったと同様に、「菩提心」が捨てられるのも、平等に反することがその根拠であることがわかる。菩提心の内容として通常理解されているものは「（仏や菩薩のみが備えている超越的な）智慧」と「（単なる同情を超えた、なにものにもこだわらない）慈悲」である。確かに誰でもできるというわけにはいかない。そういう意味では、〝平等〟に反していることは確かである。とはいえ、智慧と慈悲の最高の実践を求めるということは、たとえ完遂しなくとも、仏道を志すものとしては当然のことである。なぜ、それが本願ではないとまで厳しく否定されねばならないのだろうか。

実は、私は、このことにながく疑問を感じていた。その疑問が多少解消したのは、私がいわゆる靖国問題にながく関わってきたことと関係している。ここで、靖国問題について詳しく展開することはできないが、法然の菩提心否定に関わる限りでそれを説明してみたい。

1　菩提心と靖国問題

靖国神社は、戦争で死んだ兵士らを「天皇に忠義を尽くした人」だとして「英霊」として祀る特異な宗教施設である。英霊は後進の若者たちの模範となり、遺族の悲しみを名誉の感情に変えることによって人びとに殺し殺されることを納得させていく。遺族たちは子や夫の戦死を、遺族年金などの支給によるよりも、靖国合祀や仏教教団の戦没者顕彰法要などによって納得していった。靖国の臨時大祭に感激して遺族として受け取った報奨金をすべて国防献金に差し出した者も少なくなかった。また、普通の死ではなく戦死の場合に、本願寺の門主による特別の法会（葬儀）執行に涙して、息子を戦場に差し出すのも悪くないと考えたなどという話も残っている。私にとっては、靖国問題は単に靖国神社の問題ではなく、宗教による戦争賛美全体の問題である。とりわけ、差別と殺戮のないくにを願うはずの真宗門徒たちが、なぜ戦争賛美に巻き込まれ、戦死を宗教的に納得していったのかは脳裏を去ることのない問題であった(1)。

宗教は必ず超越的なものと関係する。超越的なものとは、普通の人の普通の理性では獲得することのできない智慧や慈悲などであろう。それは、たやすく手にはいるものではなく、多額の献金や戦死などの大きな犠牲によってしかえられないものと考えられる。私はこれが靖国の、また、宗教一般の危険性なのだと思う。

先に述べた超越的な菩提心による「なにものにもこだわらない慈悲」というのは、オーソドックスな「大悲(2)」の定義なのであるが、一見すると魅力的なこの言葉も、実際におこなうのは普通の人間でしかないのであるから、わけのわからぬ神秘性を帯び、「一殺多生《いっさつたしょう》(一人を殺すことによって多数を生かす)」だの「活人剣《かつじんけん》(殺人に使う剣も人を生かすためになる)」だのといった暴力の厳かな正当化に使われるのが落ちである。だから、このような超越的な智恵や慈悲も先の「難易」の説明において、「智慧高才をもつて本願となさば、愚鈍下智のものはさだめて往生の望みを絶たん」として平等に反するものとして否定されているのである。

さらに、「なにものにもこだわらない慈悲」なるものがそのような危険なものに変質することなく目指されたとしても、それに到達する者はいないか、いたとしても極めて少数にすぎないであろう。戦争になっても、相手に殺されそうになっても、自分だけは絶対に殺さないというような堅固な菩提心を目指す人が一人や二人いたとしても、戦争のような社会的な悲劇は止めようがない。殺させないという釈迦の勧めを実践するのは、自分だけは殺さないというようなそこだけに通用する菩提心などの行ではなく、戦争を生み出す社会や国家に平和と平等を呼びかける社会的な行・称名念仏が勝れているのだ。達成する者がほとんどいないような行を掲げて人びとを萎縮させるような宗教は、それを達成できたと吹聴する「教祖」

への絶対服従を招き、戦争や差別など受け入れるべきでないものを、権力を持つ者が権力を持たない者に受け入れさせる危険なものではないだろうか。

法然と親鸞が言おうとしたことはこういうことではないか。私は、今、この思いを次第に強めている。

法然が実際に菩提心を廃捨することの説明に選んだ文献は、阿弥陀如来の四十八願が説かれている『大無量寿経』の「三輩文《さんぱいもん》」といわれる箇所である。当然のことながら、靖国問題で説明したわけではない。「三輩文」を引用した法然の説明はやや専門的になりすぎるので省略するが、私には、敢えて説明しにくい箇所を選んだうえでのある種の「強弁」のように見える。事実、あとで紹介する法然の批判者・明恵《みょうえ》はこの「強弁」を口を極めてののしっている。少なくとも、論理的には明恵の批判に分があるように思える。法然が、強弁を冒してでも菩提心を否定するのはなぜだろうか。私は、先に靖国問題を例に挙げて説明したように、法然が、漠然とよいものだと考えられている宗教心（菩提心）の危険性を人びとに気づかせるために、ある種の驚きを与えようとしたためだったのだと思えてならない。

2　誠実で深い信仰とは何か

法然の前代未聞のラディカルな仏教解釈を促したのは、中国唐代の仏教者・善導（六一三

―六八一）である。善導という人物については、浄土経典、特に『観無量寿経』についての独創的な解釈書『観経四帖疏《かんぎょうしじょうしょ》』などを著したことなど、わずかな記録が残るのみで詳しいことはわかっていない。法然は、時代も地域も離れ、中国本土でも歴史の中にうずもれかかっていた善導について、自分はひとえにこの師によるのだとしている。

善導は、『観経疏《かんぎょうしょ》』の中で、下品下生の者、すなわち、もっとも器質が劣り生涯悪事をなすばかりであった者のために緊急避難的なものとして説かれているように見える称名念仏こそが「正行」「正業」であり、他は「余行」「助業」だという驚くべき解釈をおこなった。その根拠は、九品の違いを生来の器質の違いと見るのではなく、出会った人の違い、つまり、社会的な違いによると見たことにある。仏道が利他的なものであるとしたら、社会的に不遇なものに与えられた行こそが正行であるのは当然のことではないか。

ところが、その善導の『観経』を見る目を、止めてしまった一句がある。それは、上品上生の中にある「三心を具すれば必ず往生を得（三心を備えれば必ず浄土往生が実現する）」という言葉だった。ただし、善導はこの一句は、九品すべてに通ずとしているが、三心とは、「一つには至誠心《しじょうしん》、二つには深心《じんしん》、三つには廻向発願心《えこうほつがんしん》なり」とあり、普通に読めば、「仏教を純粋熱心に深く信じて自利利他の心を起こすこと」であり、通常「菩提心」と考えられているものと一致する。一見して、誰にでもできる称名念仏とは次元の違う難題であることがわかる。善導は、この一行に満たない句に対して、『観経疏』全体の一割近く、約四千字を費やして解釈を加えている。

3　信じる心

まず、善導の「至誠心」についての一般的な解釈を読む。

⑧の1

『経《きょう》』（観経《かんきょう》）にのたまはく、「一には至誠心《しじょうしん》」と。「至《し》」とは真なり、「誠《じょう》」とは実なり。一切衆生《いっさいしゅじょう》の身口意業所修《しんくいごうしょしゅう》の解行《げぎょう》、かならずすべからく真実心《しんじつしん》のうちになすべきことを明かさんと欲す。外に賢善精進《けんぜんしょうじん》の相を現じ、内に虚仮《こけ》を懐くことを得ざれ。貪瞋《どんじん》・邪《じゃ》偽《ぎ》・奸詐百端《かんさひゃくたん》にして、悪性《あくしょう》侵めがたく、事《じ》蛇蝎《だかつ》に同じきは、三業《さんごう》を起すといへども名づけて雑毒《ぞうどく》の善となし、また虚仮の行と名づく。真実の業と名づけず。もしかくのごとき安心《あんじん》・起行《きぎょう》をなすものは、たとひ身心を苦励して、日夜十二時急に走り急になすこと、頭燃《ずねん》を救ふがごとくするものも、すべて雑毒の善と名づく。この雑毒の行を回して、かの仏の浄土に生ずることを求めんと欲せば、これかならず不可なり。（善導『観経疏』）

［経に説かれている（具三心必得往生の三心のうち）「至誠心」とは真実の心のことであ

る。この言葉は、すべての人びとがさとりを求めておこなうことは、身体の振る舞いも言葉も意思も、みな真実の心でなされねばならないことを説明したものである。外面を賢く善良に努力するふうに装って内心に嘘偽りを懐くことがあってはならない。貪り・怒り・邪な偽り・悪賢い計略などが隅々にまで達して悪い性格がおさまらず、まるで蛇やさそりのような有様では、身体の振る舞いと言葉と意思の三種の行為をしても、諸々の毒が回った善でしかなく、偽りの行としか呼べず、真実の行為とはいえない。もし、このような類の信仰と行をなす者が、頭に火の粉がかかってそれを振り払うために一日中全速力で走り回る人のように修行したとしても、すべて諸々の毒が回った善としか呼べない。こうした諸々の毒が回った修行を根拠に浄土往生を求めても絶対に成就しない。」

私たち普通の人間においては、至高の真実を備えた信心などは成立しようもなく、しおらしくただ信ずるほかはないなどといってみても、その肝心の信がまったく不完全であり、善であろうとしても「雑毒《ぞうどく》の善」しかおこなえない。それなりに励んでもせいぜい他人よりややましという程度の自己満足しか生じない。完全な真実至誠心とは似ても似つかないものである。われわれ普通のものにとって至高の純粋な心などないといわねばならぬという解釈である。文中の「外に賢善精進の相を現じ、内に虚仮を懐くことを得ざれ」とは、「外面を善行をなすべく努力しているように装って、内面に嘘偽りの気持ちを持ってはならぬ」という意味だが、これについての法然の解釈を紹介しよう。法然は、『選択集』において、善導の三心の解釈を丸ごと引用しているが、それに付け加えた法然自身の解釈は、比較的短く、具体的な論及は至誠心釈に関するものだけである。

⑧の2

「外に賢善精進《けんぜんしょうじん》の相を現じ、内に虚仮《こけ》を懐《いだ》く」といふは、外は内に対する辞なり。いはく外相と内心《ないしん》と不調《ふちょう》の意なり。すなはちこれ外は智《ち》、内は愚《ぐ》なり。賢《けん》といふは愚に対する言なり。いはく外はこれ賢、内はすなはち愚なり。善は悪に対する辞なり。いはく外はこれ善、内はすなはち悪なり。精進《しょうじん》は懈怠《けたい》に対する言なり。いはく外には精進の相を示し、内にはすなはち懈怠の心を懐く。もしそれ外を翻《はん》じて内に蓄へば、まことに出要《しゅつよう》に備ふべし。「内に虚仮を懐く」等とは、内は外に対する辞なり。いはく内心と外相と不調の意なり。すなはちこれ内は虚、外は実なり。虚は実に対する言なり。いはく内は虚、外は実なるものなり。仮は真に対する辞なり。いはく内は仮、外は真なり。もしそれ内を翻じて外に播さば、また出要に足りぬべし。（法然『選択集』）

[「（善導が「至誠心」の説明で言う）外に賢善精進の相を現じ、内に虚仮を懐く」とい

うのは、外は智・実・真・精進の姿なのに内は愚・虚・仮・怠というように、内外がそろわないさまを示している。もし、外の「智・実・真・精進」が翻って内に蓄えられるならまことに結構なことでこれこそ至誠心といえるだろう。しかし、内の「愚・虚・仮・怠」が外に翻って、外をつくろうことなくありのままに出てくれれば、それもまた至誠心といってもいいのではなかろうか。」

内面の愚かさを隠さず吐露すればそれも「至誠心」だ。法然の明るさが前面に出ている。一方、親鸞は、さらに突き詰めて言う。「外に賢善精進の相を現ぜざれ、内に虚仮を懐けばなり(3)(いかにも仏教者ぶって熱心に仏道を求める外見を求めてはならぬ。私たちの内心はうそ偽りにすぎないからだ)」。これはこれで親鸞らしい。明るいわけではないが、気取って深刻ぶっているのではない。しかし、法然や親鸞の強引とも言える解釈は、やはり善導の真意に一番近いといえると思う。そのことを端的に示すのが、深心釈である。

4 救われないという自覚

⑧の3 善導の「深心釈」

「二には深心《じんしん》」と。「深心」といふはすなはちこれ深く信ずる心なり。また二種あり。一

には決定《けつじょう》して深く、自身は現にこれ罪悪生死《ざいあくしょうじ》の凡夫、曠劫《こうごう》よりこのかたつねに没《もっ》しつねに流転して、出離《しゅつり》の縁あることなしと信ず。二には決定して深く、かの阿弥陀仏の、四十八願は衆生を摂受《しょうじゅ》したまふこと、疑なく慮《おもんぱか》りなくかの願力《がんりき》に乗じてさだめて往生を得と信ず。（善導『観経疏』）

［三心の二つめは「深心」である。深心とは深く信ずる心である。それにも二種類がある。第一のものは、「自分は現に罪と悪の生涯を繰り返し、常に埋没し、常に流転して、迷いの世を離れ自利利他円満なる悟りに向かう機縁のない人間である」と決定的に深く知ることである。第二のものは、「阿弥陀如来の四十八願は人びとを受容なさるものであり、私たちは疑いなくおもんばかることなく、その願の力に乗じて往生を得るものだ」と決定的に深く知ることである。］

二つの深信《じんしん》の前者を「機の深信」、後者を「法の深信」という。すなわち、「自らのうちに、浄土往生・成仏の根拠がないと深く自覚する心（機の深信）」と「それゆえにこそ、四十八願に示された弥陀の摂受は、自分に向けてこそ示されたものだと深く信ずる心（法の深信）」である。表面的には、救われないという自覚と、救いは確実だという自覚ということで矛盾しているようだが、けっして矛盾していない。これこそが、自ら苦悩の解決法に目覚め（自利）、人びとの苦悩の解決を可能にする（利他）唯一の道なのである。先に「三心」とは、普通に読めば、「仏教を純粋熱心に深く信じて自利利他の心を起こすこと」であり、通常「菩提心」と考えられているものと一致すると説明したが、その内容として、善導は、それとはまったく反対の外見を持つ「自分は現に罪と悪の生涯を繰り返し、常に埋没し、常に流転して、迷いの世を離れ自利利他円満なる悟りに向かう機縁のない人間であると決定的に深く知ること」という「機の深信」を見出したのである。

「機の深信」の発見こそが専修念仏の方法が出発する原点であった。後述の⑧の4に引用した『歎異抄』にある親鸞の「善人なおもて往生をとぐ、いかにいわんや悪人をや」、⑬の2の「いずれの行《ぎょう》も及びがたき身なれば地獄は一定《いちじょう》すみかぞかし」という有名な言葉は、この「機の深信」を説明したものである。「機の深信」は、私たちにとっては、よほどうぬぼれているのでないかぎり、とりあえずはもっとも身近なものであるので、専修念仏の入門はここを手がかりにするしかないのである。自分自身に何かしら困難を解決しうる能力があるとうぬぼれていては、誰にでも簡単にできる称名念仏など（恥ずかしくて）実践しようがないからである。

また、「機の深信」とは、自らの内の「愚・虚・仮・怠」が外に白日の下に晒されることであるから、至誠心について法然の「内外一致」の説明は善導の機の深信の発見に相応している。親鸞の説明は悪人の自覚に重点が置かれており、法然の説明は自らの愚かさに恥じない明るさに重点が置かれているのではなかろうか。

しかし、厳密には、「悪人の自覚」といっても、真に深い深刻な自覚が特別の人に特別に現れるわけではない。自覚の深さを競うような信心自慢に陥らぬように注意しなければならない。機の深信といっても、深刻ぶった懺悔《ざんげ》は「外に賢善精進《けんぜんしょうじん》の相を現じ」ているのと変わりはない。「機の深信」の表明は誰にでもできる称名念仏によって成されるほかはない。「南無阿弥陀仏」と一言でも発したならば、自分は仏道の成就において自らの中にその根拠を持たぬ人間で阿弥陀如来に頼むほかはないものだと内外に表明したことになる。「正しい方法を見つけたから俺についてこい」ではなくて、「それっていいですね、私も阿弥陀さんに賛成です。南無阿弥陀仏」と言い回るものになる。それが、自分も他人も勇気づけるのである。

要するに、専修念仏のように誰にでも開かれた方法によって如来に接する以外の方法では、必ず不平等が生ずるから、それらは本願ではありえず、自分のためにも他者のためにも捨て去るべきだということになる。目標が平等であることと方法が平等であることは同様に大切なことなのだ。不平等な方法、すなわち、神秘的で近寄りがたいものを持ち出してでないと説明できない平等や尊厳性は、実は「魔」にすぎないのである。「天皇」然り、「私の思いを超えた大いなる存在」然り、「そのために命を捨てることができるもの」然り、である。これらが、いや、これらしか「命を投げ出して殺しあう」ということを納得させるものなどないのではないか。

それら「人間を超えた大きなもの」は、専修念仏のように実際に私たちが手に入れるものではない。手に入れること、そのような境地に至ることにあこがれざるをえぬものであるかもしれないが、己が能を思量すれば[4]手に入れたとか手に入れるべきだというようなことは言えないはずである。人間の普通の感覚を超えているものは、「いろもなし、かたちもましまさず、しかれば、こころもおよばれず、ことばもたえたり」[5]であり、話題にすることはできても直接に経験したり独占することはできない。だから、「現代人はそういうものがあることを知らないのです」とか、「そのために命を捨ててもよいものとはこれです」などと、近寄りがたいものを持ち出して、自己も他者も騙してはいけない。

実際に経験することはできないが想定せざるを得ないものとしての「人間を超えた大きなもの」と、「人間が実際に把握できるもの」とを明確に区別し理性の限界を確定しなければならない。せいぜい想定にすぎないものを自分は知っているとばかりに説教するのがいわゆる「宗教者」の思い上がりというものである。

5　いわんや悪人をや

こうした、「機の深信」の機微を、きわめて強い印象を伴って伝える名文がある。「善人なおもて往生をとぐ、いわんや悪人をや」。親鸞の言葉としておそらくは一番有名なものである。

⑧の4

善人《ぜんにん》なおもて往生《おうじょう》をとぐ、いわんや悪人《あくにん》をや。しかるを、世《よ》のひとつねにいわく、悪人なお往生す、いかにいわんや善人をや。この条《じょう》、一旦《いったん》そのいわれあるににたれども、本《ほん》願他力《がんたりき》の意趣《いしゅ》にそむけり。そのゆえは、自力作善《じりきさぜん》のひとは、ひとえに他力《たりき》をたのむこころかけたるあいだ、弥陀《みだ》の本願にあらず。しかれども、自力のこころをひるがえして、他力をたのみたてまつれば、真実報土《しんじつほうど》の往生をとぐるなり。煩悩具足《ぼんのうぐそく》のわれらは、いずれの行《ぎょう》にても、生死《しょうじ》をはなるることあるべからざるをあわれみたまいて、願《がん》をおこしたまう本意《ほんい》、悪人成仏《あくにんじょうぶつ》のためなれば、他力をたのみたてまつる悪人、もっとも往生の正《しょう》因《いん》なり。よって善人だにこそ往生すれ、まして悪人はと、おおせそうらいき。（『歎異抄』）

［善人でさえ浄土往生を遂げることができる。悪人が往生できるのは当然のことである。なのに世間の人は、しょっちゅう「悪人でさえ往生できるのだから、善人が往生できるのは当然のことだ」と言う。この言い方は一見もっともであるように思えるが、本願他力の趣旨に反している。なぜなら、自分の力で善を成し遂げることができると思っている人は、ひとえに他力を頼むということがないから、弥陀の本願の対象ではない。

だが、そんな者でも思い上がった自力のこころをひるがえして他力を頼む者に変われば真実の浄土に往生できるのである。煩悩が十分に備わっている私たちのような者は、念仏以外のどんな行によっても生死を離れて悟りを開くことがありえようもないことを阿弥陀如来はご存知であり、それを憐れんで願を起こされた趣旨は、そのような悪人がみずから目覚めて他者をも救う仏になるためなのだから、他力を頼むことを当然とする悪人こそが往生の正因である。だから、親鸞聖人は(6)「善人でさえ往生できる。まして悪人は」と仰ったのである。」

冒頭に「善人」といわれている人は、詳しく言うと、「自力作善《じりきさぜん》の人」すなわち、差別と殺戮のない世界を形成するのに、自分でもかなりのこと、多少謙遜して言っても、少しくらいなら自分でできると思っている人のことである。称名念仏、つまり、声に出して自分にもひとにも聞こえるように言うこととは、「私にはとても及ばないけれど、それっていいですね」と言うことである。しかも、言い方だって「南無阿弥陀仏」と決められていて、いわゆる自主性もほとんど認められていない。最低の者に与えられた方法でしかないように見える。それが称名念仏である。「自力作善の人」とは、心の中では、「称名念仏こそが平等の方法だ、すばらしい」などと考えているとか、格好をつけて論文などでその「意義」を書くならともかく、恥ずかしくって人前で「南無阿弥陀仏」なんて言えるかと思っているような者のことである。この人たちは、本願の本質が結局はわかっていないのだ。しかし、そんな傲慢な者でさえも、それが間違っていたと気づき、自分の方法に人を従えていこうという自力のこころを翻して、どんな人も賛成できる「それっていいですね、私もそこに往きたいですからよろしくお願いします」と他力を頼む者に変われば、往生できる。はじめから他力を頼む者、すなわち、自らのうちにある「愚・虚・仮・怠」を自覚しそれをさらけ出す者・悪人が、すべての者を往生させようという阿弥陀如来の正客（正機）であるのは当たり前のことだ。「私が差別と殺戮のない国を作る。だから、みんなついてこい」という方法は、困難というよりは、はじめから間違っている(7)。「ついてこい」が、すでに差別支配ではないか。そういう、「誠実であるかもしれないが傲慢な人間」がひとりふたりいたとて、平和と平等の世界には役に立たない。むしろ悪人こそが平和と平等の正当な原因（正因）となるのだ。

〈注〉

（1）これらの問題についての詳しい説明は、菱木政晴『非戦と仏教』（白澤社、二〇〇五年〔電子書籍版二〇二三年〕）、同『市民的自由の危機と宗教』（白澤社、二〇〇七年）参照。

(2)「大いなる慈悲」という意味だが、時代と共に煩瑣になる教理学においては、「小悲」「中悲」というものもでてくる。前者は、具体的な他者に向かう慈悲、後者は世界平和などのような抽象的普遍的慈悲である。もうそれくらいでいいと思うが、さらに「大悲」がきて、なにものにもこだわらない、関係しない「無縁の大悲」などという。

(3)『観経疏』も『選択集』もすべて原文は漢文である。これまでの引用では、これを書き下し文、すなわち、訓点・返り点を施して漢文を日本語に翻訳しつつ読むという日本独自のスタイルで紹介してきた。ところが、親鸞の『教行信証』は、読者が訓点・返り点を補って読む形になっていない。親鸞自身があらかじめすべての引用文・自釈に訓点を付している。このことによって、原文の意味自体と親鸞がそれをどのように解釈したいかが二重に読み取れることになる。ここに紹介した親鸞の至誠心釈は、そのような二重の意味を示す典型である。

(4)善導『往生礼讃』「仰ぎ願わくは一切往生人等、善く自ら己が能を思量せよ」。

(5)親鸞『唯信鈔文意』。

(6)文脈上、ここは法然が「善人でさえ往生できる。まして悪人は」と言ったことを親鸞が回想しているのだと読むべきだという説もある。

(7)平和と平等を実現したい、悪を避け善を実現したいと思うことが間違っているのではない。実現の方法として間違っているのである。

第5章　自らと他者の救済実現

――専修念仏の教えが万人に開かれた、平等な救済を目ざすものだということは理解できても、救われる私たちの側から見れば、あくまでその救済は自分一人の問題（自利）であるように感じられてしまいます。如来の本願によって自分が救われるにしても、そのことがどうして他者の救済（利他）に結びつくのかピンとこないという人も多いのではないでしょうか。（編集部）

「機の深信」と「法の深信」が矛盾しないのは、自らの悪の自覚ということさえ、厳密には自分だけの力ではできないということからわかる。自らのうちに自らの悪を自覚できる根拠があるのなら、その根拠の部分は「悪」ではないことになるからである。結局、機の深信も如来による促しと表現するほかはないものであると知ることになる。このことを、曽我《そが》量深《りょうじん》（一八七五―一九七一）は、『歎異抄聴記《たんにしょうちょうき》』（一九四七年出版、基になった講述は一九四二年）

で「法の深信から機の深信を開く。開かれた機の深信に法の深信を摂《おさ》める」と表現している。すなわち、機の深信が明らかになるということは、自分は「それっていいですね。南無阿弥陀仏」と声に出して言うことだけしかできぬ者であり、それ以外では「地獄必定《じごくひつじょう》（『歎異抄』）」ということが明らかになったことだから、もう、必ず浄土に往生させるという法の深信はそこにおさまって、表面に登場する必要がないということである。

専修念仏が法然の言うように、易しいというだけでなく「勝《すぐ》れた行」だということは、このことでも十分わかる。しかし、私たちは重大なことを忘れている。法然が専修念仏を勝れているとしたのは、単に確実に浄土に往けるからだというのではない。称名念仏には、他者を救済する大乗菩薩の利他行もこもっているから勝れていると述べている（1）。機の深信に法の深信がおさまるということは、単に、自分の救済が確信されるというだけにとどまってはならない。それが、他者をも励まし、他者をも平和と平等の浄土に向かわせることにならなければいけない。

1　往相――自己の悪に目覚め浄土を目指す姿

親鸞は、こうした信仰のダイナミクスを、三国時代の中国の仏教者・曇鸞《どんらん》（四七六―五四二）の著作『浄土論註《じょうどろんちゅう》』に現れる往相《おうそう》・還相《げんそう》の二種の廻向《えこう》という概念によって説明している。

廻向とは、通常、仏道を目指す修行者が自らの修行の成果を自己と他者に振り向けることを意味する。つまり、修行の成果が自分の悟り（自利）に振り向けられ、他者の救済（利他）に振り向けられることを言う。浄土往生を願う者にとっては、前者は自己の悪に目覚め浄土を目指す姿、すなわち、「往相《おうそう》（浄土への往き方向の姿）」であり、後者が「還相《げんそう》（衆生を救うための浄土からの還り方向の姿）」ということになる。

親鸞は、この二種の廻向が修行者に現れるのは、自分たちがおこなう雑毒の行によるのではなく、いずれも阿弥陀如来の本願の力による、つまり、如来の廻向によってわれわれが往相と還相の姿をとるのだとしている。専修念仏が自利利他円満なる仏教であることはこうして証明されるのである。

⑨の1

謹《つつし》んで真実証《しんじつしょう》を顕《あらわ》さば、すなわちこれ利他円満《りたえんまん》の妙位《みょうい》、無上涅槃《むじょうねはん》の極果《ごくか》なり。すなわちこれ必至滅度《ひっしめつど》の願より出でたり。また証大涅槃《しょうだいねはん》の願と名づくるなり。しかるに煩悩《ぼんのう》成就《じょうじゅ》の凡夫《ぼんぶ》、生死罪濁《しょうじざいじょく》の群萌《ぐんもう》、往相廻向《おうそうえこう》の心行《しんぎょう》を獲《う》れば、即の時に大乗正定聚《だいじょうしょうじょうじゅ》の数に入るなり。正定聚に住《じゅう》するがゆえに、必ず滅度に至る。（親鸞『教行信証』証巻）

［謹んで浄土教における真実の証を明らかに示せば、それは、他者を助けることを可

能にするような妙なる境位と、それをもたらすことを可能にする内面のこの上ない涅槃の境地である。これは、浄土往生するものを必ず滅度（涅槃）に至らせるという弥陀の第十一の願が根拠となっている。それゆえ、この願を「大涅槃を証明する願」と呼んでもよい。しかるに、今まさに煩悩が燃え盛り、罪と穢れをともに生み出すように、この社会に群れて生きている普通の人（凡夫）にとっては、弥陀の往相回向による歓喜の心が生じて念仏申すという行為を示せば、即時に、このような証を実現して他者の救済に邁進する大乗正定聚の一員ということになる。この人たちの一員なのだから必ず滅度に至ると表現されるのである。」

「往相廻向《おうそうえこう》の心行《しんぎょう》を獲《う》れば」というのは、「ただ念仏せよ」という仏の勧めが自分に向けられた言葉だと確信して「南無阿弥陀仏」と声に出していうことである。これが、往相、すなわち、浄土へ往く姿を得るということである。一見すると、阿弥陀如来という絶対的な存在による魔法のごときものが、熱心な信仰の褒美としてもたらされて、往生の切符を手に入れるような趣がある。実際、『教行信証』のこの箇所について、そのような解釈をする人も少なくない(2)がそれはまったくの誤りである。「南無阿弥陀仏」と声に出していうことには、普通の人が近寄れない魔法のごとき要素はまったくない。誰でもできる易しい行為である。

「それっていいですね（南無阿弥陀仏）」と声に出して言う易しい行為を示すその人に、他者を救う妙なる位と他者救済の根拠となる涅槃という究極の果実がはたらくというのである。

2　還相——自分をも他人をも励ます

他者を救う位とは、自らの悟りを開いた浄土から還ってきて衆生を救う姿であるから、これを「還相《げんそう》」というのだが、この箇所だけでは、「それっていいですね（南無阿弥陀仏）」と言うだけで、そこにどうして他者をも救う社会的な活動の意義が生ずるのかはよくわからない。その説明はこのあとにすぐ登場する。

⑨の2

二つに還相《げんそう》の廻向《えこう》と言うは、すなわちこれ利他教化地《りたきょうけじ》の益なり。すなわちこれ「必至《ひっし》補処《ふしょ》の願」より出でたり。また「一生補処《いっしょうふしょ》の願」と名づく。また「還相回向《げんそうえこう》の願」と名づくべきなり。『註論《ちゅうろん》』に顕れたり。かるがゆえに願文《かんもん》を出ださず。『論の註』を披《ひら》くべし。（親鸞『教行信証』証巻）

［（選択本願念仏に備わる二つの如来による廻向のうちの）二つ目の還相廻向とは、他者を教化するという働きが煩悩成就の凡夫に成立するという利益である。このことは、第

二十二番目の願である「必至補処の願」から出てくる。これを「一生補処の願」ともいうし、「還相回向の願」と名づけてもいいだろう。これらのことは曇鸞の『浄土論註』に詳しく述べられているから、願文の孫引きもしない。『論註』を参照されたい。」

「一生補処《いっしょうふしょ》」とは、自分の成仏がすでに約束されている者という意味である。親鸞は第二十二願は、「浄土往生する者が自分の成仏をつぎの生に先延ばししても他者を助けることを本意とする普賢菩薩のような徳を備えた者になる」との誓いであると見て、この願を「還相廻向の願と名づけてもいい」といっているのである。このあと、親鸞はほとんど解釈を加えずに『浄土論註』を引用している。『浄土論註』は、略して『論註』と呼ばれることも多く、天親《てんじん》(3)が著したとされる『浄土論』の注釈書である。ちなみに、親鸞の親は天親に由来し鸞は曇鸞に由来する。

『論註』は、浄土往生を願う者に自利利他が成立することを、基本的に如来が建立・設定した浄土という環境が自利利他の働きを保障するという形で説明している。善導であれば、称名・名号として説明するところであるが、まだ明確にその発想はない。もっとも、善導には利他教化という働きが専修念仏者に生ずるということについてはあまり自覚的ではないので、親鸞は『論註』による説明を採用したのであろう。声に出して言う称名念仏は、自分に聞こえ他人にも聞こえるというところに特色がある。聞こえるから教化の働きをもつのであるが、それが働きをもつということを言い表すには、もともとは「効力を振り向ける」という意味の「廻向」がもっともふさわしい。効力は、声となって働く。「南無阿弥陀仏、わたしは自分の中に平和と平等の根拠を見出しえないことを痛感する（機の深信）がゆえに阿弥陀如来のくにに賛成する（法の深信）と表明します」と声に出すことが自分をも他人をも励ますのである。弥陀如来の本願力廻向が成就するのは、この声が響いたそのときである。つまり、如来廻向は、称名念仏として表現されるのである。

『証巻』に引用される『論註』の言葉に、浄土に響き渡るさとりの深遠な音（梵声悟深遠微妙聞十方）を評して「国土の名字仏事をなす」という一句がある。言葉はただの言葉であるにすぎないが、表現廻向(4)されるとき大いなる力を発揮するのである。このことからわかるように、往相と還相は「南無阿弥陀仏」と声に出して言う人において、同時に成立する(5)のである。

そうなると、問題は、浄土往生が成立するのはいつかということになる。すなわち、厳密に言えば、浄土往生の意味を生ずるのはいつかということであるが、簡単に言えば「往生は死後か現在か」の問題である。親鸞は浄土の住人の一員になることを「往相廻向の心行を獲れば、即の時に大乗正定聚の数に入るなり（弥陀の往相回向による歓喜の心が生じて念仏申すという行為を示せば、即時に大乗正定聚の一員ということになる)」としているから、明らかに「それっていいですね、私も平和と平等のくにに賛成です。南無阿弥陀仏」と言いまわっている人のところに現に浄土往生の意味が成立しているという考え方をしている。

〈注〉

(1) ⑦の2「称名念仏は勝れている」(六八頁)参照。

(2) この点に関しては、多少専門的になるが、菱木政晴「『教行信証・証巻』の課題」(二〇〇六年七月、『同朋佛教』四二号)を参照されたい。

(3) 四世紀のインドの仏教思想家。ヴァスバンドゥという名前で、大乗仏教の二大潮流のひとつ唯識思想の大成者。浄土教の文脈では天親と意訳されることが多いが、通常は世親と翻訳される。

(4)「廻向は表現なり」と喝破したのは、九〇頁で紹介した曽我量深である。

(5) 利他教化や還相が普通の人間に生ずるという親鸞の主張は、法主や僧侶だけが教化するのであって、一般の門信徒はおとなしく教化されるという教団組織上の秩序から好ましくないと考えられたのか、これまで積極的に語られてこなかった。しかし、「往還二廻向は同時」というのは伝統的な教学においてもほぼ常識であった。にもかかわらず、最近の真宗学者の中に、私たちのような者が他人を教化するというのはおこがましいとでも言うのだろうか、これを否定する見解がある。また、哲学者の梅原猛さんが、お盆には先祖が帰ってくるというような死者と生者を厳密に分けない日本的な輪廻思想に連なるものとして親鸞の還相廻向を評価しているが、これもまた的外れと言うほかはない。

第6章　仏道成就の教え

──法然と親鸞は、信心の篤さを表わすために仏像や塔を寄進したり、仏道をめざすための熱心な行をおこなう必要はないと説いています。これら、念仏を称えること以外におこなってはいけないこととは、他にはどのようなことがあり、それはどうしてなのでしょうか。（編集部）

南無阿弥陀仏と言っていることしか仏道成就を証明するものがないとしたら、「南無阿弥陀仏」やそれに近いことも言っているが、実際にはそれと反するようなことを心に懐いて、人びとを「大いなるものに命を捧げる」ことに導いたり、高貴な人・立派な僧侶に従って「造像起搭」の足しに、余命をつなぐ年金を差し出せという輩と専修念仏者とをどう区別するかということである。

結論から言えば、残念ながら、区別の決定的な決め手はない。どんな人たちでも、心のどこかには、「差別と殺戮のない世界っていいですね」と思っているに違いないからである。だが、少なくとも、それらの人たちも見捨てることなく、しかし、彼らが専修念仏と決定的に異なる点をはっきりさせておかねばならない。また、自らにも、そこにだけは陥ってはならないこととは何なのかをはっきりさせておかねばならない。

すなわち、法然が「捨て去るべきもの」として指し示した「造像起搭」や「菩提心」をもっと具体的に明確にしておく必要がある。まず、法然自身による戒めを読もう。

1 「聖道門」に陥ってはならない

⑩

「一切の別解《べつげ》・別行《べつぎょう》・異学《いがく》・異見《いけん》」等といふは、これ聖道門《しょうどうもん》の解《げ》・行《ぎょう》・学《がく》・見《けん》を指す。その余はすなはちこれ浄土門の意なり。文《もん》にありて見るべし。あきらかに知りぬ、善導の意またこの二門を出でず。回向発願心《えこうほつがんしん》の義《ぎ》、別の釈を俟《ま》つべからず。行者これを知るべし。（法然『選択集』三心章）

「二河白道《にがびゃくどう》の喩《たとえ》に出てくる群賊悪獣らの「異学」とか「異見」という[1]のは聖道門の見解のことだ。それ以外が浄土門ということで、善導の解釈もこの二門以外を立てていない以上そういうことになる。二河白道・群賊悪獣の喩えについてはこの解釈以外を採用してはならぬ。よく心得ておく必要がある。」

「二河白道《にがびゃくどう》の喩《たとえ》」というのは、善導『観経疏』の三心釈の最後の「廻向発願心」の解釈のために善導自身が考案した比喩である。概略は以下の通り。

「旅人が西に向かっていると、忽然として目の前に大河が現れる。百歩あまりある広い河は、南北に旅人をさえぎり、北側が貪りを象徴する水の河、南側が怒りを表す火の河となっている。この水火の中間に四、五寸幅の細い白い道があり、向こうの西岸に通じている。ふと気がつくと、背後から群れ成す悪獣や賊が押し寄せてくる。切羽詰った旅人は、東岸から教主釈尊を表す人の「安心して渡れ」という声に励まされ、救主阿弥陀如来を表す西岸の「一心にこちらへ渡って来い」という招きの声に守られて、白い道を歩む決心をする。ところが、二、三歩歩みを進めたとき、東岸からは群賊悪獣たちが「その道は危ないよ。私たちは悪心あっていうんじゃない。君のためを思ってこちらの世間でおとなしく生きることを勧めているのだ」と、旅人を戻そうとする。しかし、旅人はこの誘惑を断ち切って西岸に渡り、おなじく白い道を歩む同心の友人たちに出会い、慶びあうことができた」。

凡人に近寄りがたいものを有難がり、それを得たとか、得るべきだと無責任な説教をするものを聖道門という。彼らは、「念仏する世界には、差別も戦争もない。その世界に目覚めることが心の平等だ」などとむずかしいことを言う。法然はこのような心の修道者を専修念仏の白い道を歩む旅人を妨げる「群賊・悪獣」に喩えた。まことに、群賊・悪獣は、仏教者の仮面をかぶって現れる。群賊とか悪獣というのは、酷な喩えに思われるが、そうでもないと思う。性差別を是正する闘いに疲れ、「女に生まれたことで劣等感を持つような私の身勝手さを知らされてありがたいことでした」などと深刻ぶって反省してみせ、わけのわからぬ倒錯を、真宗の信仰・真宗の女性観だといって吹聴して回ることは、問題解決の道をふさいで人びとに被害を与え続けることにほかならない。まさに、群賊・悪獣である。

人から強いられるのではなく、自らの無力や愚かさに気づくのは大切なことであるが、それがなければ浄土往生ができないのではない。浄土往生はただ念仏のみによるのである。「浄土往生はただ念仏のみ」以外の説教をして、人を驚かせてはならない。虐げられていた自らの尊厳性・人権の大切さに気づいてそれを訴える際に、他者（権力者）に対して尊大になってしまうのは確かに褒められたことではない。しかし、「目上の人には敬いをもって接しなければならない。それが南無阿弥陀仏だ」、「人権などとえらそうに言うな」などという、それこそ、えらそうな「説教」と「浄土往生はただ念仏のみによる」という専修念仏の呼応との違いはしっかりと見極めなければならない。

どんな人間も自然状態では平等であり、いかなる衆生も念仏衆生としては、「同一に念仏して別の道なきがゆえに、遠く通ずるに、それ四海の内みな兄弟（姉妹）とするなり」(2)なのである。そして、それ故に、煩悩成就の凡夫が往相廻向の心行を獲るとき、釈尊からは「わがよき親友《しんぬ》」(3)とよばれ、親鸞から「御同朋《おんどうほう》」として遇され、弥勒《みろく》と等しく(4)、何によっても侵すことのできない尊厳性を自覚するのである。

2　明恵による法然批判が映し出すもの

法然の『選択集』に対して、もっとも厳しい批判の書を著したのは、明恵《みょうえ》（一一七三―一二三二）である。栂尾《とがのお》の高山寺を営み、高弁《こうべん》上人とも言われる。その著のタイトル『摧邪《ざいじゃ》輪《りん》』は、『選択集』の邪な議論を打ち砕くという意味である。明恵は、誠実で純真な華厳の求道者として当時最も尊敬を集めていた仏教者である。また、『夢日記』を残したり、一身に仏道に集中するために自らの片耳を切り落としたり、釈迦に憧れ、自分で船を建造して天竺（インド）に行く計画を立てるなど、そのユニークな人柄のゆえに現代でも、知識人たちの間で人気が高い。一例を挙げると、教育勅語の復活という批判さえある文科省発行の「心のノート」を残した心理学者・河合隼雄は、『明恵　夢を生きる』（講談社＋α文庫など）という一書を著している。

明恵の法然批判は、法然が、菩提心を浄土往生の行として否定したことと聖道門を群賊悪獣にたとえたことの二点に絞られている。『摧邪輪』の序文は、つぎのごとくである。

「私、高弁はもともとは法然聖人を尊敬していた。噂に聞く邪見は在家の男女たちが上人(5)の名声を利用して妄説しているのだと思っていたので、上人自身を批判したことはなかった。ところが今度『選択集』を実際に読んでみて、それらの妄説はみなここから出発しているのだとわかった」。

『摧邪輪』は、まさに、『選択集』を実際に綿密に読んで書かれている。そして、その読みは正確である。明恵は、親鸞と同じくらいに法然が言いたかったことを正確に聞き取った。明恵は、『興福寺奏状《こうふくじそうじょう》』の著者たちと異なり、政治や世間の秩序にはほとんど関心がない。したがって、『選択集』が朝廷軽視の方向を持つことにも関心がない。彼の関心は、もっぱらみずからの命より大切な大いなる仏法に集中している。そこから言えば、「熱心に仏道を目指す心（菩提心）」と「かなわぬまでもそれを目指す努力をするもの（聖道門）」の否定は許しがたいことである。

だが、その二つこそが法然が心から否定したかったことなのである。なぜか。それは平和と平等を目指すことにおいて不要であるだけではなく、危険であるからだ。『摧邪輪』には、法然が『大無量寿経』の数節によって菩提心を否定していることに対して、烈火のごとき怒りを発している箇所がある。すでに指摘したように、法然の論は確かにある種の「強弁」ではある。まじめ人間・明恵は怒る。

「そればかりか、お前（法然）は、大乗仏教を軽しめ菩提心を否定している。これひとえに、お前には、苦しみから解放されたいという思いがあるだけで、仏法を愛しそのために命をささげる⑹という気概がないのだ」。

私は、まじめ青年たちがこのような怒りを懐いて大いなるものに命をささげるとして、愚かな行為に酔うことを、法然が一番気にしていたのだと思うのだが。自分の命より大切なものなどという言い方は大袈裟であるだけでなく、下々の庶民の命などより大切だということを含意することになり、独善に陥るだけではなかろうか。

では、いよいよ、親鸞自身による戒めを読む。親鸞は、法然が「不要」として捨て去るべきとしたことを、さらに「危険」として否定していると、私は思う。

3　神を拝まず、国王を敬わず

⑪の1

それ、もろもろの修多羅《しゅたら》に拠《よ》って真偽《しんぎ》を勘決《かんけつ》して、外教邪偽《げきょうじゃぎ》の異執《いしゅう》を教誡《きょうかい》せば、『涅槃《ねはん》経《ぎょう》』に言《のたま》わく、仏《ぶつ》に帰依《きえ》せば、終《つい》にまたその余《よ》の諸天神《しょてんじん》に帰依《きえ》せざれ、と。略出　『般《はん》舟三昧経《じゅさんまいきょう》』に言わく、優婆夷《うばい》、この三昧を聞きて学ばんと欲《おも》わば、乃至　自ら仏に帰《き》命《みょう》し、法に帰命し、比丘僧《びくそう》に帰命せよ。余道《よどう》に事《つか》うることを得ざれ、天を拝することを得ざれ、鬼神《きじん》を祠《まつ》ることを得ざれ、吉良日《きちりょうにち》を視ることを得ざれ、と。已上《いじょう》

また言わく、優婆夷、三昧を学ばんと欲わば、乃至　天を拝し神を祠祀《しし》することを得ざれ、と。略出（親鸞『教行信証』化身土巻《けしんどのまき》、神祇不拝《じんぎふはい》の文）

［多くの経典によって真実なるものと偽ものを明瞭に区別し、仏教の体裁をとっていても仏教とは言えない邪な執着を教え戒めよう。読者諸君！『涅槃経』にあるように専修念仏の真の仏道を歩むものは、天の神、地の神をあがめるようなことはしてはならない。また、『般舟三昧経』にあるように、出家せずに仏道を目指すものも、自己（の目覚め）を尊重し、苦悩の解決法を探究し、探求者の連帯に心を砕け。魔法のごときものに惑わされ、自然にひれ伏したり、怪しげな占いに頼ったり、死者を神として崇めるようなことはけっしてしてはならない。また、仏教的な思惟方法を学ぼうと思うなら、（中略(7)）自然にひれ伏したり、死者を神として崇めるようなことはけっしてしてはならない。］

⑪の2

『菩薩戒経《ぼさつかいきょう》』に言《のたま》わく、出家《しゅっけ》の人《ひと》の法《ほう》は、国王《こくおう》に向《む》かいて礼拝《らいはい》せず、父母《ぶも》に向かいて礼拝せず、六親《ろくしん》に務《つか》えず、鬼神《きじん》を礼《らい》せず、と。已上《いじょう》（同前、国王不礼《こくおうふらい》の文）

［『菩薩戒経』に述べられている。仏道を目指すものがしてはならぬことは、主君（天

皇や国王の類）や父母を崇めたり、家族の役割にしがみついたり、先祖にひれ伏したり、死者を神として祀ることである。」

「化身土巻《けしんどのまき》」のこの二つの文と後序を読めば、親鸞が法然を正しく継承して「捨て去るべきもの」として明瞭にあげているのは、古代天皇制とそのイデオロギーとしての神道であることがわかる。すなわち、専修念仏は、一二〇七年に安楽・住蓮ら四人の死刑と、法然・親鸞ら八人の追放刑を出した事件以来、近代の天皇制・国家神道体制にいたるまで、一貫して天皇と神道に対して厳しい批判的態度を保っているのである。この弾圧事件は、後鳥羽院を中心とする当時の天皇制権力がおこなったものであり、弾圧を加えた側の言う罪状とは、後序にその名が挙げられている『興福寺奏状』などに明らかなように、専修念仏の者たちの「国王不礼《こくおうふらい》」と「神祇不拝《じんぎふはい》」である。もっとも、そのことは『選択集』に露骨に書かれているわけではない。したがって、彼ら弾圧者は『選択集』を親鸞と同じように読み取ったとも言えるのである。『選択集』をきちんと読めば、それは国王不礼と神祇不拝の書なのである。『興福寺奏状』は、それを好ましくないものとして正しく読み取ったのであり、親鸞は、それこそが偽の仏教を見破るしるしだとして読み取ったのである。

弾圧以前に書かれた『選択集』と弾圧以後に書かれた『教行信証』を見比べて驚かざるを

得ないのは、『教行信証』のほうが捨て去るべきものをもっと露骨に言っていることである。なぜ、親鸞がこのような態度に出たのか。それは、法然が、人びとを危険に陥らせるものとして警戒を発していた「造像起搭」や「聖道門の菩提心」が、本当に人びとの命を奪い、また、奪わせることを納得させるものとして働いたことを目の当たりにしたからであろう。『教行信証』全体の中で、この箇所は唯一「読者に対しての命令文」となっている。「専修念仏のともがらよ、それによって自己形成し、それへの忠誠・敬虔をはぐくんできた天皇と畏れ慎むべきとされる神々こそが諸悪の根源なのだ。自分自身を否定するようにつらいかもしれぬがこれだけは捨てようじゃないか」。

しかし同時に、このような露骨な言い方はふたたび弾圧を招きかねないし、実際、専修念仏を受け継ぐものは常にその危険にさらされている。それでも、親鸞が言わずにおれなかったのはなぜか。

それは、神々に屈服し、おとなしくその仕事に就き、役立って死んだものを神と崇めて見習うこと（靖国的なるもの）は、さらに人びとの不幸を招くということが身にしみてわかったからではなかろうか。専修念仏のともがらよ、「阿弥陀如来が建立された『差別（天皇制）と殺戮（靖国）のないくに』っていいですね。私もそのくにに賛成です。南無阿弥陀仏」と、はっきりと口に出して表明しよう。私たちにはそのくらいのことしかできないが、それ以上のことをしている者などいないじゃないか。私たちこそが、仏道を真に証しているのだ(8)。そういうことではなかろうか。

4　家族・先祖も礼拝せず

ところで、先の「神祇不拝の文」と「国王不礼の文」の両方のなかで、もうひとつ明瞭に否定されているものがある。すなわち、「父母《ぶも》」「六親《ろくしん》」である。宗教者に平和を語らせると、たいていは、まず自己の内心の平和、つぎに家族の平和、住んでいる共同体の平和というような順序で語られることが多い。親鸞は、専修念仏者は父母や六親（両親と祖父母）に仕えないものだという。なぜだろうか。

わたしたちが国王やそれを聖化する靖国的な神々に屈服するのは、それらがあからさまに私たちに敵対するからではない。むしろかえってそれらはわたしたちの頼るべきもの、護ってくれるものという姿をして現れてくる。だから、差別と殺戮の世間を無難に生きるには、平等や平和という自らのうちにある尊厳性に根拠を置くのではなく、国王や神々などというものものしいものにすり寄っておく方がいいと考えてしまう。平和と平等を実現するには、つまり、戦争を停止するには「他なし、世界人類の為に忠君愛国の四字を滅するにあり(9)」というほかはないのだが、国王や国との摩擦を避け、もっぱら無難な生きかたしかできない家族との摩擦を避け、まずは自らの心の平安となってしまうのが落ちである。ことさらに国王や家族と敵対することはないが、これらに依存してはならない。これらは捨てねばならぬものなのである。

これに関連しては、親鸞の語録である『歎異抄』につぎのような一節がある。

⑫

親鸞は父母《ぶも》の孝養《きょうよう》のためとて、一返《いっぺん》にても念仏もうしたること、いまだそうらわず。そのゆえは、一切の有情《うじょう》は、みなもって世々《せせ》生々《しょうじょう》の父母兄弟なり。いずれもいずれも、この順次生に仏になりて、たすけそうろうべきなり。わがちからにてはげむ善にてもそうらわばこそ、念仏を回向して、父母をもたすけそうらわめ。ただ自力をすてて、いそぎ浄土のさとりをひらきなば、六道四生《ろくどうししょう》のあいだ、いずれの業苦《ごうく》にしずめりとも、神通《じんずう》方便《ほうべん》をもって、まず有縁《うえん》を度《ど》すべきなりと云々（『歎異抄』）

［親鸞は父母の孝養のために念仏するということはこれまで一度たりともない。その理由は、生きとし生けるものはみなすべて世代を超えて父母兄弟姉妹と考えるべきだからである。どの人も等しく、来世に仏になって助けてあげるべき人びとだ。この称名念仏の働きは阿弥陀如来の本願力廻向によるのであって、自らの力ではないにもかかわら

ず、自分の力で行う善だというのならその念仏の効力を振り向けて身近な父母を助けるということもあろうが、そんなことはありえない。そのような自力励行主義を捨てて、ただちに専修念仏の方法による「さとり」を実践すれば、被差別被抑圧の立場であろうが他を抑圧していても無関心であるような人間性を失ったあり方であろうが、専修念仏の力によってまず縁ある人びとを救うべきである。」

弟子の唯円《ゆいえん》がまとめたといわれる親鸞の語録『歎異抄』は、親鸞自身の著作以上に人びとに読まれている。ただ、『教行信証』や書簡のように本人が直接に筆を染めたものではなく、親鸞の死後にまとめられたものであるから、親鸞自身の著作との微妙な違いや矛盾がないわけではない。「順次生に仏になりて、たすけそうろうべき」とか「まず有縁を度すべきなり」というのは、字面から言えば、「専修念仏者が死後に浄土で悟りを開き神通力を備えてこの世に還ってきて家族を救う」というニュアンスが強い。記録者・唯円自身もそう考えていたかもしれない。

しかし、⑨の1に挙げた「往相廻向の心行を獲れば、即の時に大乗正定聚の数に入る」という表現や、⑨の2の還相廻向の内容からわかったことは、専修念仏者は単なる救いの客体ではなく自利利他円満の仏道の主体であるということである。そして、そのことは念仏しているその人に「即時」に現れることである。それらとの整合性を考えると、「いそぎ浄土のさとりをひらきなば」という「すぐに死んで」という意味をはらむ言葉はどうもふさわしくない。また、「順次生に仏になって」というのは、来世に仏になってという意味だが、仏になる（目覚める）ということは、一切の有情が念仏する者になっておのおの主体的に実現すべきことである。したがって、たすけるのもたすけられるのも「一切の有情」でなければならない。だとすれば、「いずれもいずれも……たすけそうろうべきなり」は、「どんな人でも救ってやるべきだ」ではなく「どんな人も主体だ」という意味でなければならない。

したがって、「いずれもいずれも、順次生に仏になりて、たすけそうろうべき」は、「どの人も、等しく未来に必ず目覚めが約束されており、自らたすけ他をも救済する主体である」としたほうがよいし、「まず有縁を度すべきなり」も「結局は専修念仏の力によって縁ある人びとを救うことになるからだ」とすればよいのではないかと思う。

〈注〉

（1）善導『観経疏』には、「『あるいは行くこと一分二分するに群賊等喚ばひ回す』といふは、すなはち別解・別行・悪見人等妄りに見解を説きてたがひにあひ惑乱し、およびみづから罪を造りて退失するに喩ふ」とある。

（2）曇鸞『浄土論註』。

（3）親鸞『正像末和讃』「他力の信心うるひとを　うやまいおおきによろこべば　すなわちわが親友ぞと教主世尊はほめたまう」。

（4）同「念仏往生の願により等正覚にいたるひと　すなわち弥勒におなじくて　大般涅槃をさとるべし」。

（5）「しょうにん」の記載が「上人」と「聖人」の二種になっているが、いずれも『摧邪輪』の記載のままである。

（6）原文は「愛仏楽法」。「楽」は「こころからねがう」という意味の動詞。「命をささげる」という意訳をつけ加えたが、この引用の直前に、「仏の遺跡を見ることだけで身を砕き、命を惜しまぬ者がある」という後の彼自身の天竺行き計画を髣髴とさせる一節があるので、明恵の真意と離れていないと思う。

（7）この「中略」は、筆者（菱木）の中略ではなく、原文の「乃至」の訳である。親鸞は経典を引用する際に、このように中間を略したことを「乃至」として明記する場合がある。明記しないで略する場合は、単に親鸞自身の主張を経典の言葉を使用して述べるとき、明記するときは、中略されているところを採用すべき説ではないという自身の意図を示すときという区別だと思われる。

（8）親鸞『教行信証』のあとがきの部分（『後序』）の冒頭に「竊かに以みれば、聖道の諸教は行証久しく廃れ、浄土の真宗は証道いま盛なり」とある。

（9）愛媛県土居町（現・四国中央市）にある安藤正楽による日露戦争碑文の言葉。

第7章　励まし

教誡《きょうかい》のつぎは励ましである。つまり、そこに陥ってはならぬところがはっきりしたら、つぎは、自信を持って歩んでいくことが大切だということである。

『歎異抄』の第二語録（第二章）は、つぎのように始まる。

1　ただ念仏とは

⑬の1

おのおの十余《じゅうよ》か国のさかいをこえて、身命をかえりみずして、たずねきたらしめたまう御こころざし、ひとえに往生極楽のみちをといきかんがためなり。しかるに念仏よりほかに往生のみちをも存知し、また法文《ほうもん》等をもしりたるらんと、こころにくくおぼしめしておわしましてはんべらんは、おおきなるあやまりなり。もししからば、南都《なんと》北嶺《ほくれい》にも、ゆゆしき学生《がくしょう》たちおおく座《おわ》せられてそうろうなれば、かのひとにもあいたてまつりて、往生の要よくよくきかるべきなり。親鸞におきては、ただ念仏して、弥陀にたすけられまいらすべしと、よきひとのおおせをかぶりて、信ずるほかに別の子細なきなり。（『歎異抄』）

［皆さんが、上総、下総、駿河など十以上の国境を越えて、生命の危険も考えずに、この私・親鸞を訪ねてくださった志は、ひとえに往生極楽の道筋を尋ね聞くためであります。けれども、私が念仏以外の往生の道筋を知っているとか、また、特別の奥義を述べた文書を知っているとか怪しんでいらっしゃるとしたら、それは大きな間違いです。そういうことが気になるのなら、奈良や比叡山にはたいそうな学者がいらっしゃるそうだから、そういう人たちにもお会いになって、往生の要点を聞けばよいのです。私・親鸞においては、「ただ念仏して阿弥陀如来に助けられなさい」という、よき人・法然上人のおっしゃったことを受けて、信ずるというほかにはなにもありません。］

晩年に京都に帰った親鸞を（おそらくは、鎌倉幕府による弾圧の影におびえる）関東の門弟たちが命がけで訪ねてきた。ただ念仏ということは何度も聞いているが、本当に念仏だけでよいのか、と。これに対して、親鸞は、改めて「ただ念仏」の立場を「よきひと」法然の教えとして確認して、専修念仏以外が気になるなら、南都（奈良・興福寺など）北嶺（比叡山延暦寺のこと）の顕密仏教に頼るしかないぞとつきはなす。そして、以下のようにつづける。

⑬の2

念仏《ねんぶつ》は、まことに浄土《じょうど》にうまるるたねにてやはんべるらん、また、地獄《じごく》におつべき業《ごう》にてやはんべるらん。総じてもって存知せざるなり。たとい、法然聖人《ほうねんしょうにん》にすかされまいらせて、念仏して地獄におちたりとも、さらに後悔《こうかい》すべからずそうろう。そのゆえは、自余《じよ》の行《ぎょう》もはげみて、仏になるべかりける身が、念仏をもうして、地獄にもおちてそうらわばこそ、すかされたてまつりて、という後悔もそうらわめ。いずれの行もおよびがたき身なれば、とても地獄は一定《いちじょう》すみかぞかし。弥陀の本願まことにおわしまさば、釈尊の説教、虚言なるべからず。仏説まことにおわしまさば、善導の御釈、虚言したまうべからず。善導の御釈まことならば、法然のおおせそらごとならんや。法然のおおせまことならば、親鸞がもうすむね、またもって、むなしかるべからずそうろうか。詮《せん》ずるところ、愚身《ぐしん》の信心《しんじん》におきてはかくのごとし。このうえは、念仏をとりて信《しん》じたてまつらんとも、またすてんとも、面々《めんめん》の御《おん》はからいなりと云々《うんぬん》（『歎異抄』）

［念仏は、本当に浄土に生まれる種なのか、また、地獄落ちの所業なのか。結局のところそれはわからない。私は、たとえ法然上人にだまされて念仏して地獄に落ちても一向に後悔しない。なぜなら、私が、念仏以外の行を励んで仏になることができるような

者であったなら、声に出して念仏することで地獄に落ちたとして「法然上人に騙された」として後悔することもあるかもしれないが、私は念仏を申すこと以外の行などできようがない者であるから、地獄は本来私の住処である。弥陀の本願が真実であれば、それを伝えてくださった釈尊の説教が嘘だということはありえない。釈尊の説教が真実であるならば、善導大師の御解釈においても嘘などあるはずがない。善導大師の御解釈が真実ならば、法然上人の仰ったことが嘘でありえようか。法然上人の仰せが真実であれば、親鸞が言うことも根拠がないというわけではなかろう。結局のところ、私の信心とはこのようなものだ。このうえは、念仏をとって信じなさろうとも、また、お捨てなさろうとも、各々の主体的な決断である。」

「法然聖人にすかされ（騙《だま》され）まいらせて、念仏して地獄におちたりとも、さらに後悔すべからずそうろう」は、聞いた人々——著者の唯円も当然含まれていたと推察されている——に、親鸞の法然に対する絶対の信頼を印象付けたことであろう。だから、唯円はこのように伝えたのだと思うが、私は、親鸞が言いたかったことは微妙に違うと思う。最後に、「このうえは、念仏をとりて信じたてまつらんとも、またすてんとも、面々の御はからいなり」とあるように、「ただ念仏」は、法然・親鸞・はるばる訪ねてきた面々が平等に主体性尊厳性を獲得する唯一の道なのである。面々が決めることなのである。それは「自分以外のものがどうして自分の主でありえようか」といった釈迦にまっすぐ連なっている。

専修念仏は、誰が唱えても平等に尊いのである。特別に深い思いや特別に多額のお布施によって高貴な人に唱えてもらっても、気楽に肩の力を抜いて唱えても、みな同じ「南無阿弥陀仏」、少なくとも、それを聞いている人にとっては、みな同じ効果がある。だから、誰かに伝えているという点に関しては、私の念仏も面々の念仏も仏・菩薩と等しい意味があるのだ。自信を持って往こうじゃないか。

ついでに言うと、法然上人の念仏も当然私の念仏と同じだ。だから、私と法然上人は同じところに往く。そこが、極楽か地獄かはわからないが、同じところに往くことだけは確かだ。面々もまたそうだ。これが、専修念仏というものだ。

ここで私は、「特別に深い思いをもって唱える念仏」と「気楽に肩の力を抜いて唱える念仏」という表現をしたが、もっとはっきり言うと、「信心を備えた念仏」と「口先だけの念仏」ということになるだろう。ここは、宗教としては、微妙かつ大切な点である。下手をすると、熱心な信仰・菩提心の説教に逆戻りしかねない。親鸞はこの問題に関してどう言っているだろうか。再び、『歎異抄』ではなく自著『教行信証』に戻ろう。

2　励まし

⑭

真実の信心は必ず名号《みょうごう》を具《ぐ》す。名号は必ずしも願力の信心を具せざるなり。（親鸞『教行信証』信巻、「励まし」）

［真実の信心には、必ず念仏を申すということが伴うが、念仏を唱えているからといって確実な信心があるのだというわけではない。］

やはり信心を備えていない口先だけの念仏ではだめなのか。あきらめる前に、もう少し読み進めていこう。

欣求浄刹《ごんぐじょうせつ》の道俗《どうぞく》、深《ふか》く信不具足《しんふぐそく》の金言《きんげん》を了知《りょうち》し、永《なが》く聞不具足《もんふぐそく》の邪心《じゃしん》を離《はな》るべきなり。（同前）

［浄土往生（によって自利利他円満の仏道の成就）を求めるものは、凡夫に確実な信仰など生ずるはずがないという「信不具足」の指摘をしっかりと心に刻み、（自分の信仰の不足などというあたりまえのことを気にすることなく、互いに励ましあい、響きあう声明と聞

名の響流をつづけよう。）この交流を怠る「聞不具足」の邪に陥るようなことだけはけっしてあってはならない。」（カッコ内は筆者による補足）

漠然と読んでいると、信心の不足も声に出すことの不足も戒められているように見えるのだが、「信不具足」のほうは、戒められてもどうしようもないではないか。それで深い信心が努力によって得られるくらいならもともとこんな専修念仏などは必要がない。「信不具足」は戒められているのではない、当たり前のことだから忘れるなと念を押されているだけなのである。

3　弾圧者の仏性も見捨てない

こうして、専修念仏の方法は明らかになった。この白い道は、誰にでも歩める容易な道であるが、けっして、誰からも咎めを受けないということではない。世の権力者からは嫌われて当然の道でもある。

晩年の親鸞は多数の書簡を残したが、ほとんどは、権力者からの弾圧を受け続ける関東に残した門弟にあてた励ましの手紙である。もちろん、信仰のために死をも恐れるなというような無責任なものではなく、どうしてもだめなときは逃げなさいというもの(1)もある。そのなかで、弾圧者に対してどう対応するかということを示した一通を紹介する。

⑮　まず、よろずの仏・菩薩をかろしめまいらせ、よろずの神祇《じんぎ》・冥道《みょうどう》をあなずりすてたてまつるともうすこと、このこと、ゆめゆめなきことなり。（中略）詮ずるところは、そらごとをもうし、ひがごとをことにふれて、念仏のひとびとにおおせられつけて、念仏をとどめんと、ところの領家《りょうけ》・地頭《じとう》・名主《みょうしゅ》の御はからいどものそうろうらんこと、よくよくようあるべきことなり。そのゆえは、釈迦如来のみことには、念仏のひとをそしるものをば、「名無眼人《みょうむげんにん》」ととき、「名無耳人《みょうむににん》」とおおせおかれたることにそうろう。善導和尚は、「五濁増時多疑謗《ごじょくぞうじたぎほう》　道俗相嫌不用聞《どうぞくそうけんふようもん》　見有修行起瞋毒《けんうしゅぎょうきしんどく》　方便破壊競生怨《ほうべんはえきょうじょうおん》」（法事讃《ほうじさん》）と、たしかに釈《しゃく》しおかせたまいたり。この世のならいにて、念仏をさまたげんひとは、そのところの領家・地頭・名主のようあることにてこそそうらわめ。とかくもうすべきにあらず。念仏せんひとびとは、かのさまたげをなさんひとをば、あわれみをなし、不便《ふびん》におもうて、念仏をもねんごろにもうして、さまたげなさんを、たすけさせたまうべしとこそ、ふるきひとはもうされそうらいしか。よくよく御《おん》たずねあるべきことなり。（親鸞『御消息集《ごしょうそくしゅう》・広本九通《こうほんくつう》』）

「私たち専修念仏者は、しばしば、阿弥陀如来以外のいろいろな仏や菩薩を軽しめて、神やそれに使える道を侮って捨ててしまう連中だと言われていますが、そんなことがあるはずがないでしょう。（中略）。結局のところ、嘘を言って、訴訟や揉め事があるとそれにつけこんで、専修念仏者に対して活動をやめさせようと、地域の権力者たちを巻き込むことはよくあることです。それは、釈迦が念仏を謗る人を真実を見ようとも聞こうともしない人(2)だといっていることや、善導が「五濁増時云々」の詩句でも予言していることですから、権力者たちがそのような態度に出ることについては驚くことではありません。とやかく言ってもしょうがないから、「それっていいですね、南無阿弥陀仏」と言えた人は、それが言えなくて、「制裁だ」「報復だ」と恨みと怒りの大合唱となって念仏の妨げをしてしまう人たちや、大いなるものにひれ伏すという魔法のような仏教を宣伝して、念仏の白い道を歩む行者の妨げとなってしまう人たちにこそ、「それっていいですね」と言えるように助けてあげることが大切です。今は亡き法然上人も常々そう仰っておられました。よくよくかみしめてください。」

この手紙は、京都に帰った親鸞が、関東に残した弟子たちがかつて自分たちが受けたと同様の弾圧を受け、鎌倉幕府に対する訴訟にまでなったときに、彼らを励まし書き送った書状のひとつである。

冒頭は「まず、よろずの仏・菩薩をかろしめまいらせ、よろずの神祇・冥道をあなずりすてたてまつるともうすこと、このこと、ゆめゆめなきことなり」と書き出されている。この言い方は、私にとっては痛いほどわかる。政教分離訴訟などの反靖国の闘いというのは、戦死者を誉めそやしてつぎの戦死者を誘導する靖国に対する拒否である。平和と平等のくにを願うがゆえに、靖国のような霊・祖先・天皇に対する「不拝」を訴えると、必ず「戦没者を冒涜する」という非難を浴びる。非難は権力者（殺させて潤うもの）からだけではない。まことにせつないことに、殺し・強盗の下働きをさせられた「英霊」の、妻や孫子からも「夫や父を祀る靖国を汚すな」と反発される。そして、権力者はその反発を利用する。「彼ら専修念仏のやからは神々を冒涜するとんでもない連中だ」というわけである。

『教行信証』の教誡において、神々を明快に否定している親鸞は、実際に弾圧に対するときはもっと巧みな戦略を取っている。長くなるので、上の引用では中略したが、その部分を簡略に紹介すると、「他の仏・菩薩はそろって阿弥陀を誉めそやし、神々は専修念仏者を守るのが仕事のはずです」となる。つまり、神々を専修念仏者のガードマン扱いにしておいて、この人たちも本当は平和と平等をねがっているはずだと示唆するのである。神々を冒涜するという非難に対して、親鸞は、「神々とされているものを侮辱するはずはないでしょう。彼らは本来仏法を喜ぶはずの人だといっているんですよ。詮ずるところは（よく考えてみてください）、ところの領家・地頭たちがわれらを騙しているにすぎません。このことは経典や善導の書にも予言されていることです。わたしも法然上人とともに同じ経験をしています」と語りだす。

そして、初めの部分に「五濁増時云々《ごだくぞうじ》」ではじまる善導の『法事讃』が引用されている。『法然上人行状絵図』などによると、これは、一二〇七年の弾圧で命を奪われた安楽が、白州に引き出されたときに唱えたもので、これが後鳥羽院の逆鱗にふれ、そのまま六条河原で打ち首になったといわれているものである。ここで『法事讃』が引用されているので、文字が読めるリーダーから親鸞の手紙を読んでもらう文字が読めない関東の同行たちも、「あぁ、安楽房のことを仰っているんだな」とわかる。

『法事讃』のこの箇所の意味は、解説も加えて紹介するとつぎのような意味になろう。まず、消息に引用されているところ。

「差別と殺戮のはびこる末法《まっぽう》五濁《ごだく》の今は、『南無阿弥陀仏』と言うだけで他の一切の権威を認めない流儀の専修念仏に対する疑いや誹謗がはびこる。政治家だけでなく僧侶までもが、お互いに嫌いあって念仏を聞かない。そのうえ、『南無阿弥陀仏（それっていいですね）』を自分にも人にも聞こえるような行動に努めるものを見ては、怒りを示しいろいろなやり方で平和と平等の願いを壊し、報復だ制裁だと競い合う」。

さて、このあとは、つぎのように展開する。親鸞が引用しなかった『法事讃』の原文を書き下しで示そう。

「かくのごとき生盲闡提《しょうもうせんだい》の輩は、頓教《とんぎょう》を毀《き》滅《めつ》して永く沈淪《ちんりん》す。大地微塵劫《だいちみじんごう》を超過《ちょうか》すとも、いまだ三途の身を離るることを得べからず。大衆同心にみな、あらゆる破法罪《はぼうざい》の因縁《いんねん》を懺悔《ざんげ》せよ」。

意味は「このような専修念仏を謗るようなものは気の遠くなるような時間を経過しても差別と殺戮の地獄から出られない。一刻も早く悔い改めるべきだ」ということである。こんなことを言われたのでは、後鳥羽院の「逆鱗にふれた」というのも頷ける。

親鸞がここを引用しなかった意味は、たぶんつぎの「弾圧するものにこそ念仏が届くように」ということを強調したかったからだと思われる。これは、けっして安楽の、いかにも元武士らしいと言えば言える態度を、非難しているのではない。安楽がこの一句を唱えたのは、本来こういう意味だったと、親鸞は言いたいのである。「後鳥羽上皇さんよ、そんなこと言っていると誰からも見放されますよ、思い返しなさい、私はいつの日かあなたたちもわかってくれるはずだと信じていますよ」。

靖国が誉めそやす殉国の死と、安楽らの「殉教?」に、近いものを感じるとしたらそれは誤りである。安楽らの死は法然・親鸞の追放刑と同様にけっして許されるものではないが、それを誉めそやし模範として見習う必要も毛頭ないものである。必要なことは、このような不幸な出来事が起こった理由を余すところなく明確化し、二度とこのようなことが起こらぬようにすることである。そしてさらに、弾圧者たちの非を告発するだけでなく、彼らをともに「私も阿弥陀のくにに賛成です」と言わしめる友情を私たちがもち得なかった、見捨ててしまったことへの痛恨を持ち続けることである。安楽らを殉教者として誉めそやし、殉教者として記憶し続けるということは、後鳥羽院らの弾圧者を永遠に弾圧者として記憶し続けることでもある。それは後鳥羽院たちを永遠に見捨てるということになる。

つい最近お亡くなりになった私が尊敬するある先生は、「選ばず、嫌わず、見捨てず」というのが真宗だといつもおっしゃっていた。そして、「見捨てず」とは、この安楽が最期に示した後鳥羽院をけっして見捨てなかった精神だと。弾圧者を見捨てるのは弥陀の本願のなすところではない。弾圧されている者はもちろん、弾圧している者も本来は平和と平等を求めているはずなのだ。うまくいかないのは互いに相手を自分の方法に従わせようとしてしまうからではないだろうか。対等に励まし合うことが大切なのだ。

声に出して「それっていいですね」と言うことによって互いに励ましあう専修念仏という実践は、なんだか頼りない夢のような話だなと思うかもしれないが、こんなことを思うのは決して私一人ではないはずだと、ジョン・レノンも、「イマジン」で“You may say I'm a dreamer but I'm not the only one" といっているから、反戦デモでも呼びかけてみよう。一人で言えばつぶやきだけれど、みんなで言えば、シュプレヒコール、それを聞いてくれる人がいれば「平和」と「平等」の希望も捨てたものじゃない。

法難《ほうなん》のたびに意識が鍛へられ　鶴彬《つるあきら》(3)

〈注〉

(1)『御消息集』広本一二通「そのところの縁つきておわしましそうらわば、いずれのところにても、うつらせたまいそうろうておわしますように御はからいそうろうべし(そこでの念仏布教の縁がつきてしまったら、どこへでも移られるようにお考えなされたほうがよろしいです)」。

(2)原文は、「まるで盲人・聾者のような人」と翻訳すべき表現になっている。これは比喩を用いた差別表現というほかはないが、ここではこの問題に触れない。

(3)つるあきら。一九〇八年、石川県高松町(現・かほく市)生まれ。本名、喜多一二。プロレタリア川柳を提唱し、反戦川柳などを詠む。一九三七年、特高警察に逮捕拘留され、未釈放のまま一九三八年二九歳で病死。遺作(最後の発表作品)に、「万歳とあげて行った手を大陸において来た」「手と足をもいだ丸太にしてかえし」などがある。

《著者紹介》

菱木政晴(ひしき まさはる)

1950年金沢市生まれ。宗教学者、真宗大谷派僧侶、元同朋大学特任教授。長年にわたり真宗大谷派の戦争責任を追及すると同時に政教分離訴訟などの平和と人権の市民運動にも関わる。著書に、『浄土真宗の戦争責任』(岩波ブックレット)、『解放の宗教へ』(緑風出版)、『非戦と仏教――「批判原理としての浄土」からの問い』〔電子書籍版〕、『市民的自由の危機と宗教――改憲・靖国神社・政教分離』、『極楽の人数――高木顕明『余が社会主義』を読む』、『平和と平等の浄土論――真宗伝統教学再考』(以上、白澤社)など。共著に『殉教と殉国と信仰と――死者をたたえるのは誰のためか』(白澤社)。翻訳書に、ホワイトヘッド『観念の冒険』(松嶺社)など。

ただ念仏《ねんぶつ》して〔新装版《しんそうばん》〕―― 親鸞《しんらん》・法然《ほうねん》からの励《はげ》まし

2023年6月28日　第一版第一刷発行

著　者　菱木政晴

発行者　吉田朋子

発　行　有限会社 白澤社《はくたくしゃ》

〒112-0014　東京都文京区関口1-29-6　松崎ビル2F

電話 03-5155-2615 ／ FAX03-5155-2616 ／ E-mail : hakutaku@nifty.com

発　売　株式会社 現代書館

〒102-0072　東京都千代田区飯田橋3-2-5

電話　03-3221-1321㈹／FAX　03-3262-5906

装　幀　装丁屋 KICHIBE

印　刷　モリモト印刷株式会社

用　紙　株式会社市瀬

製　本　鶴亀製本株式会社